SIGMUND FREUD MUSEUM
WIEN IX.
BERGGASSE 19

Die Deutsche Bibliothek – CIP-Einheitsaufnahme
Katalog: Sigmund Freud / Harald Leupold-Löwenthal, Inge
Scholz-Strasser (Hg.). – 1. Aufl. – Wien: Brandstätter, 1994
ISBN 3-85447-516-0
NE: Scholz-Strasser, Inge

1. Auflage 1994

Der Entwurf des Schutzumschlages – unter Verwendung einer Photographie von Gerald Zugmann –
stammt von Christian Brandstätter, die graphische Gestaltung von Alexander Rendi.
Das Lektorat besorgte Käthe Springer, die technische Herstellung Rudolf Metzger.
Die Gesamtherstellung des Werkes erfolgte beim Druckhaus Grasl in Bad Vöslau.
Gesetzt wurde aus der Walbaum, 11 auf 12 Punkt.

Christian Brandstätter Verlagsgesellschaft m.b.H.
A-1080 Wien, Wickenburggasse 26
Telephon (+43-1) 408 38 14

SIGMUND FREUD
MUSEUM

Herausgegeben von
Harald Leupold-Löwenthal, Hans Lobner
und Inge Scholz-Strasser

Mit 170 Abbildungen

WIEN IX.
BERGGASSE 19
Katalog

Verlag Christian Brandstätter

INHALT

Sigmund Freud um 1930.

VORBEMERKUNG

Die Herausgabe dieses Katalogs gibt Gelegenheit, auf fast 23 Jahre zurück-
zublicken, die seit der Eröffnung des Museums anläßlich des 27. Internationalen Psychoanalytischen Kongresses in Wien 1971 vergangen sind.

Die abgeschlossenen Vorarbeiten zu einer großen Sigmund-Freud-Ausstel-
lung des deutschen Goethe-Institutes (sie wurde zuerst 1972 in Rom gezeigt) hatten mir damals ermöglicht, aus der Fülle des gesammelten Bild-
und Dokumentenmaterials die Einrichtung des Museums rasch und unter
geringem Zeitdruck durchzuführen, obwohl die Renovierung der 1969
durch die Sigmund Freud-Gesellschaft erworbenen Ordinationsräume Sigmund Freuds erst knapp zuvor beendet wurden. Die Ausstattung des Museums war damals, geringer finanzieller Mittel wegen, nur sehr einfach.
Der gestalterische Grundgedanke aber wurde schon damals verwirklicht:
das Erscheinungsbild der Räume im Jahre 1938 durch ein Fries aus Vergrößerungen der Photos von Edmund Engelman zu vermitteln und darüber
eine bildliche Darstellung des Lebens und des Entwicklungsganges Sigmund Freuds und der von ihm geschaffenen Psychoanalyse zu geben. Auch
war die Einrichtung des Wartezimmers, ein Geschenk Anna Freuds, recht-
zeitig aus London eingetroffen. Erstausgaben und Separata der frühesten Arbeiten des cand. med. Sigmund Freud sowie Originaldokumente seiner uni-
versitären Laufbahn konnten von Institutionen und privaten Sammlern entliehen werden (die Sigmund Freud-Gesellschaft verfügte damals noch nicht
über Bibliothek und Archiv). Mit einfachsten Mitteln verfaßten Hans Lobner
und ich den ersten hektographierten Katalog; er war notwendig, da von Haus
aus auf Didaskalien als Bildunterschriften verzichtet wurde, um das graphische Bild und die Anordnung der Photos und Dokumente nicht zu stören.

Der 27. Internationale Psychoanalytische Kongreß war nicht nur ein erst-
rangiges Ereignis von großer wisssenschaftlicher und vor allem histori-
scher Bedeutung (erstmals seit der Vertreibung durch die Nationalsozial-
sten tagten die Psychoanalytiker an der Stätte des Ursprungs), sondern auch
eine intensive emotionelle Erfahrung besonders jener, die nach 1938 zum
ersten Mal wieder nach Wien kamen. Anna Freud war dem Museum eine
große Hilfe, für sie war „Berggasse 19“ auch ein sehr persönliches Anliegen,
und sie unterstützte mit Rat und Tat und umfangreichen Materialspenden
(Wartezimmer, Teile von Freuds archäologischer Sammlung, Bücher,
Dokumente). Der Besuch des Museums war von Anfang an rege. Großes
internationales Interesse ließ die Besucherzahlen bis zu 50.000 im Jahr an-
wachsen. In weiteren Schritten erfolgte die Entwicklung des Museums: wir
konnten zunehmend eine professionellere Gestaltung vornehmen, der Katalog wurde umfangreicher gestaltet und erschien in mehreren Sprachen.

So bedeutet der Blick zurück ins Jahr 1971 Freude und Genugtuung über
erreichte Leistungen, zugleich aber auch den Wunsch nach weiterem
Ausbau und weiterer Verbesserung.

Dem werden die nächsten Dezennien gewidmet sein müssen.

Wien, im Juli 1994
Harald Leupold-Löwenthal

BERGGASSE 19

INGE SCHOLZ-STRASSER

„Wo bisher Touristen aus aller Welt vergeblich nach Sigmund Freud fragten, werden sie nun nicht nur Antwort bekommen, sondern auch in seine ehemalige Wohnung gewiesen werden: heute, Dienstag, wird in der Berggasse 19 im neunten Wiener Gemeindebezirk die Sigmund-Freud-Gedenkstätte eröffnet."
(Die Presse, 1971)

DAS MUSEUM

Am 15. Juni 1971 wurde die ehemalige Ordination Sigmund Freuds in Wien der Öffentlichkeit erstmals als Museum zugänglich gemacht.

Drei Jahre zuvor, im November 1968, war die Sigmund Freud-Gesellschaft gegründet worden. Der damalige Bundeskanzler Dr. Josef Klaus reagierte nach einer Reise durch die USA auf die Kommentare über den Mangel an Anerkennung für Freud und sein Werk in Wien – spät – und lud interessierte Organisationen und Einzelpersonen zur Mitarbeit ein.

Unter der Leitung von Professor Friedrich Hacker, dem ersten Präsidenten der Sigmund Freud-Gesellschaft, wurde Freuds frühere Praxis mit Subventionen der Bundesregierung und der Stadt Wien erworben und zu einem Museum adaptiert. 1971 war die Restaurierung der Räume abgeschlossen.

Im Beisein von Anna Freud, der jüngsten Tochter Sigmund Freuds, die das erste Mal seit ihrer Vertreibung nach Wien gekommen war, wurde das Museum einer interessierten, internationalen Öffentlichkeit zugänglich gemacht, da zur selben Zeit – von 26. bis 30. Juli 1971 – der 27. Internationale Psychoanalytische Kongreß in Wien stattfand.

Anna Freud hatte mit ihrem Vater, ihrer Mutter und der Tante Minna Bernays am 4. Juni 1938 Wien verlassen können. Dabei war es Sigmund Freud möglich gewesen, seine Antikensammlung, große Teile der Bibliothek, die gesamte Einrichtung sowie seine persönlichen Gebrauchsgegenstände mit in die Emigration nach London zu nehmen. Seine Tochter Anna, selbst Psychoanalytikerin, die seit dem Tod ihres Vaters im September 1939 bemüht war, den Zustand der letzten Wohnung in London – mit Möbeln, Antiken, Bildern und Büchern – unverändert zu erhalten, widmete dem Museum in Wien die Einrichtung des Wartezimmers.

Im Behandlungs- und Arbeitszimmer stellte Dr. Harald Leupold-Löwenthal, der spätere Präsident der Sigmund Freud-Gesellschaft, eine aus 140 Photos sowie Originaldokumenten bestehende Eröffnungsausstellung zusammen. 1974 konnten weitere wertvolle Originalstücke aus dem Besitz der Familie Freud in die Präsentation miteinbezogen werden, die in dieser Form die nächsten zehn Jahre bestehen blieb.

1984 wurden alle Ausstellungsräume ein erstes Mal renoviert, die Schausammlung in der ehemaligen Praxis Freuds neu arrangiert und mit Einzelstücken und Manuskripten ergänzt. Präsident Dr. Harald Leupold-Löwenthal hielt am 17. Juni 1984 die Eröffnungsansprache des neu gestalteten Sigmund Freud-Museums.

Entlang der Wände wurden Vergrößerungen aus der Photosammlung von Edmund Engelman angebracht, die einen nachhaltigen optischen Eindruck der Ausstattung des Behandlungs- und Arbeitszimmers Freuds vermitteln. Engelman fertigte diese Photoserie im April 1938 von allen Räumen der Wohnung in Berggasse 19 an und schuf so eine einzigartige Dokumentation der Wohnung und Praxis Sigmund Freuds kurz vor dessen Emigration aus Wien.

1986 konnte die Sigmund Freud-Gesellschaft die ehemalige Privatwohnung der Familie Freud, im selben Stockwerk, gegenüberliegend der Ordination, erwerben. Die Finanzierung erfolgte aus dem Erlös des Benefizkonzerts, das Maestro Leonard Bernstein im Jahr davor zugunsten der Sigmund Freud-Gesellschaft im Wiener Musikvereinssaal gegeben hatte, sowie durch Unterstützung des Bundesministeriums für Wissenschaft und Forschung und der Gemeinde Wien.

Anläßlich der Wiederkehr des 50. Todestages Sigmund Freuds haben auf Initiative von Joseph Kosuth sieben internationale Künstler – John Baldessari, Pierpaolo Calzolari, Georg Herold, Jenny Holzer, Ilya Kabakov, Joseph Kosuth und Franz West – jeweils ein Werk der Sigmund Freud-Gesellschaft gewidmet. Diese Sammlung wurde in der ehemaligen Privatwohnung Sigmund Freuds am 23. September 1989 der Öffentlichkeit präsentiert und damit diese Räume ein letztes Mal zugänglich gemacht; in der Folge konnte die ehemalige Privatwohnung mit großzügiger Unterstützung des Bundes und der Stadt Wien für Bibliothekszwecke adaptiert werden, die Sigmund Freud-Haus-Bibliothek übersiedelte dorthin und wurde im Jänner 1991 in Anwesenheit von Bundesminister Dr. Erhard Busek und Bürgermeister Dr. Helmut Zilk der Öffentlichkeit übergeben.

1992 wurde das Museum um die Anna Freud-Gedenkräume in der früheren Ordination Anna Freuds vergrößert; diese neuen Räume umfassen das ehemalige Arbeits- und Wohnzimmer Anna Freuds sowie den Medienraum. Im Jahr darauf wurde das Wartezimmer vollständig renoviert.

Für das Gesamtkonzept der Umbauten in allen Räumen und die Adaptierung der ehemaligen Privatwohnung Freuds zu Bibliothekszwecken zeichnet seit 1989 Architekt Mag. Wolfgang Tschapeller. Mit der Gestaltung einzelner Räume und Raumelemente wurden Werner Feyersinger (Bibliothek), Hans Jager (Bibliothek), Georg Kiffmann (Bibliothek), Peter Sandbichler (Videoraum), Michael Tankovits (Videoraum) und Wolfgang Tschapeller (Bibliothek) betraut.

Oben: Blick in den Hof des Hauses Berggasse 19. Archiv Brandstätter
Unten: Stiegenhaus Berggasse 19. Photo: Gerald Zugmann

DIE BIBLIOTHEK

Die Sigmund Freud-Haus-Bibliothek wurde 1974 zunächst in der ehemaligen Praxis Anna Freuds – heute Anna Freud-Gedenkräume – eröffnet und war hier bis 1991 untergebracht. Der Grundstock dieser Sammlung ent-

Sigmund Freud-Haus-Bibliothek. Photo: Gerald Zugmann

stand durch großzügige Schenkungen – von Dorothy Burlingham, Kurt R.
Eissler, Gustav Bychowski, Paul Federn, Heinrich Meng, Arthur Tansley
und Bibliothek A. J. Storfer von Anna Freud – und dank einer Unterstüt-
zungsaktion, zu der Anna Freud aufgerufen hatte. Zur Eröffnung kam auf
Vermittlung von Kurt Rudolf Eissler die Bibliothek Gustav Bychowskis,
eines Mitglieds der Wiener Psychoanalytischen Vereinigung, zurück nach
Wien. Die Bibliothek des Sigmund Freud-Hauses, eine der größten Studien-
bibliotheken zur Psychoanalyse in Europa, verfügt neben anderem über die
Schriften Freuds in den unterschiedlichen Ausgaben sowie über einen umfangreichen Bestand der Publikationen des Internationalen Psychoanalytischen Verlags vor 1945. In diesem Rahmen sind auch die zahlreichen Publikationen der Mitglieder der Wiener Psychoanalytischen Vereinigung vor
1945, die psychoanalytischen Zeitschriften – wie die Internationale Zeitschrift für Psychoanalyse, Imago und die Zeitschrift für psychoanalytische
Pädagogik – von besonderem Interesse. Die Bibliothek verfügt seit ihrem
Bestehen als Studienbibliothek über verschiedene englischsprachige Zeitschriften wie zum Beispiel The International Journal of Psycho-Analysis,
The Psychoanalytic Quarterly, American Imago, um nur einige zu nennen,
und umfaßt heute rund 25.000 Werke zu angewandter und theoretischer
Psychoanalyse, zu psychoanalytischer Pädagogik sowie zur Geschichte der
Psychoanalyse.
1991 hat die Sigmund Freud-Gesellschaft 500 Bücher aus der Bibliothek
Anna Freuds aus London übernommen, die einen interessanten, breitge-

fächerten Einblick in die Forschungs- und Lesegewohnheiten der Kinder-analytikerin ermöglichen und zum Teil in den Anna Freud-Gedenkräumen ausgestellt sind.

Aus den Bibliotheksbeständen sind im Museum jeweils die Erstausgaben der Werke Freuds sowie eine vollständige, ledergebundene Ausgabe der gesammelten Schriften für die Öffentlichkeit ausgestellt. Unter den Wid-mungsexemplaren befinden sich unter anderem eine Erstausgabe der „Traumdeutung" mit handschriftlicher Widmung Freuds, eine Ausgabe des „David Copperfield", die Freud seiner Verlobten Martha schenkte, sowie das 1992 erworbene Exemplar der „Zukunft einer Illusion" mit Widmung Freuds an Alfred Indra, den Rechtsanwalt der Familie Freud, „In Dank und Freundschaft", gewidmet am 4. Juni 1938, dem Tag, an dem Freud Wien für immer verlassen hatte. Aus konservatorischen Gründen können nicht alle Werke ständig gezeigt werden.

Die Sigmund Freud-Haus-Bibliothek ist eine für Forschungszwecke zu-gängliche, öffentliche Präsenz- und Entlehnbibliothek und zur Zeit an vier Tagen in der Woche geöffnet.

DAS ARCHIV

Das Sigmund Freud-Haus-Archiv wurde 1971 eingerichtet und entstand durch Leihgaben, Schenkungen, Sammeltätigkeit und Ankäufe. Bis 1992 wurden an die 50.000 Dokumente, Photos, Manuskripte, Tonträger, Zei-tungsausschnitte und andere einschlägige Archivalien gesammelt. Diese wurden von 1992 bis 1993 in einem einjährigen Projekt größtenteils neu ge-ordnet, EDV-mäßig erfaßt, fachgerecht gelagert und ab 1993 für die wis-senschaftliche Forschung zugänglich gemacht. Mit den Beständen des Archivs und der Bibliothek werden in regelmäßigen Abständen Ausstellungen im Rahmen der Sigmund Freud-Gesellschaft zu ausgewählten Themen der Geschichte der Psychoanalyse gestaltet; Dokumente können auf Anfrage auch für internationale Ausstellungen entliehen werden. Die Sammlung wird laufend durch Ankäufe und Schenkungen erweitert und systematisch ergänzt. So wurde z. B. 1991 ein großer Teil des Nachlasses von Richard F. Sterba erworben und nach Wien zurückgebracht.

DIE SIGMUND FREUD-GESELLSCHAFT

Die Sigmund Freud-Gesellschaft wurde 1968 als wissenschaftlicher Verein in Wien gegründet. Ihr Ziel ist die Förderung und Unterstützung der For-schungen zu Theorie und Praxis der Psychoanalyse im allgemeinen und über das Leben und Werk Sigmund Freuds im besonderen.

Seit 1970 lädt die Sigmund Freud-Gesellschaft jedes Jahr zur Freud-Vorlesung im Großen Festsaal der Universität Wien am 6. Mai, zu Sigmund Freuds Geburtstag, ein. Bisher haben gelesen:

1970   Rudolf Ekstein: Der Einfluß der Psychoanalyse auf Erziehung und Unterricht.

1974   Richard F. Sterba: Unpublizierte Diskussionsbemerkungen Sigmund Freuds.

1975   Joseph Sandler: Träume, unbewußte Phantasien und „Wahrnehmungsidentität".

1976   Piet J. van der Leeuw: Die wissenschaftliche Bedeutung des Briefwechsels zwischen Freud und Jung.

1977   Harald Leupold-Löwenthal: Jahre der Isolation. Die frühe Freud-Rezeption und B'nai B'rith.

1978   Anna Freud: Die Bedeutung der Kinderanalyse.

1979   André Haynal: Das Menschenbild Freuds.

1980   Anna Freud: Die Einsicht in das Unbewußte.

1981   Ernst H. Gombrich: Sigmund Freud und die Theorie der Künste.

1982   Wolfgang Loch: Psychoanalytische Bemerkungen zur Krise der mittleren Lebensphase. Mittlere Lebensphase – Depressive Position – Tod.

1983   Rafael Moses: Zur psychoanalytischen Betrachtung politischer Probleme: am Beispiel des Nahost-Konflikts.

1984   Harald Leupold-Löwenthal: Das Behagen in der Unkultur (1930:1984).

1985   Peter B. Neubauer: Der wachsende Anwendungsbereich der Psychoanalyse.

1986   Peter Blos: Sigmund Freud und der Vaterkomplex.

1987   W. Ernest Freud: Die Freuds und die Burlinghams in der Berggasse: Persönliche Erinnerungen.

1988   Nikolaas Treurniet: Werthaben und Wertschätzen.

1989   Harald Leupold-Löwenthal: 50 Jahre danach.

1990   Otto F. Kernberg: Sexual Excitement and Rage: Building Blocks of Drives.

1991   Riccardo Steiner: In Vienna Veritas?

1992   Claudio Magris: Wer ist auf der anderen Seite? Zur Frage der „Grenze".

1993   Wolfgang Berner: Sexualität als Symptom und Zeichen.

1994   James Herzog: Hören, Lernen und Begleiten – Nacherziehung in der analytischen Situation.

Neben diesen Vorlesungen veranstaltet die Sigmund Freud-Gesellschaft regelmäßig Seminare, Vorträge und Kongresse.
Zu den Vortragenden der Sigmund Freud-Gesellschaft gehören seit ihrem Bestehen Wissenschaftler aus allen Forschungsbereichen, die der interdisziplinären Zusammenarbeit verpflichtet sind. Im Rahmen des Vortragsprogramms haben unter vielen anderen Kurt R. Eissler, Max Horkheimer, Hans Strotzka, Margarete Mitscherlich-Nielsen, Klaus Hoppe, M. Jean-Bertrand

Pontalis, Johannes Cremerius, Klaus Horn, P. J. van der Leeuw, Serge Lebovici, André Haynal, Joseph Sandler, Norman Holland, Alfred Lorenzer, Harold Blum, Mario Erdheim, Gisela Klausmeier, Bruno Bettelheim, Janine Chasseguet-Smirgel, Han Groen-Prakken, Jochen Stork, Ilany Kogan, Peter Rudnytsky, Josef Sajner, Clifford Yorke, Slavoj Zizek, Erika Davies, Catherine Clément, Wolfgang Loch und Edith Kurzweil gelesen.

Bis 1994 fanden acht psychoanalytische Samstage zu folgenden Themen statt: *Strafrecht und Psychoanalyse, Kinderanalyse und direkte Beobachtung, Eltern-Lehrer-Schüler – Ein Angstdreieck aus psychoanalytischer Sicht, Die Bedeutung des Emotionalen in Erziehung und Unterricht, Psychoanalyse des Alterns, An Introduction to Kleinian Psychoanalysis, Die ungarische Psychoanalyse stellt sich vor* und *Die tschechische Psychoanalyse stellt sich vor.*

Zwischen 1980 und 1984 wurde je ein „International Symposium for Applied Psychoanalysis" zu den Themen *Psychoanalyse und Management* und *Psychoanalytische Aspekte der Macht* in Grundlsee abgehalten.

1984 fand mit dem Symposium „Leben, Lernen, Psychoanalyse" die erste größere Veranstaltung der Sigmund Freud-Gesellschaft in Zusammenarbeit mit dem Pädagogischen Institut der Stadt Wien statt. Nahezu zehn Jahre später, im Juni 1993, fand im Stadtschulrat für Wien ein Symposium zur Kinder- und Jugendliteratur statt.

1987 veranstaltete die Sigmund Freud-Gesellschaft einen Vortragsabend gemeinsam mit B'nai B'rith Wien anläßlich des Vortrags Sigmund Freuds zur Traumdeutung vor 90 Jahren. 1988 organisierte die Sigmund Freud-Gesellschaft in Wien in Zusammenarbeit mit der Association internationale d'Histoire de la Psychanalyse die Zweite Internationale Zusammenkunft zum Thema *Sigmund Freud – neue Studien und Dokumente.* Im Jahr darauf veranstaltete die Sigmund Freud-Gesellschaft gemeinsam mit der Arbeitsgruppe für Philosophie und Psychoanalyse des Instituts für Philosophie der Universität Wien im Juni das Festwochen-Symposium „Philosophie und Psychoanalyse" und im August gemeinsam mit dem Robert Musil-Archiv das Internationale Robert-Musil-Sommerseminar zum Thema „*Gestaltung der Seele" – Freud, Musil, Wittgenstein und die Literatur des 20. Jahrhunderts.* Am 23. September 1989, dem 50. Todestag Sigmund Freuds, fand an der Büste Sigmund Freuds im Arkadenhof der Universität Wien eine Kranzniederlegung und im Anschluß daran eine Gedenksitzung gemeinsam mit der Wiener Psychoanalytischen Vereinigung statt. Im November 1993 beging die Sigmund Freud-Gesellschaft ihr 25jähriges Bestehen mit dem Symposium „Aggression und Krieg – zur Verleugnung destruktiver Regungen in unserer Zeit".

Während der gesamten Tätigkeit der Sigmund Freud-Gesellschaft war die Durchführung von Ausstellungen ein Schwerpunkt in der wissenschaftlichen Arbeit der Gesellschaft.

Begonnen hat die Ausstellungstätigkeit mit der Präsentation einer Wanderausstellung zu Sigmund Freud im Goethehaus, gefolgt 1974/75 von der Ausstellung zum 25. Todestag von August Aichhorn: *Wer war August Aichhorn?* und *Verwahrloste Jugend – Die psychoanalytische Pädagogik August Aichhorns* 1976 in Klagenfurt. Im Jahr darauf wurden zwei Ausstellungen gezeigt: In Innsbruck *50 Jahre Internationaler Psychoanalytischer Kongreß in*

Innsbruck und in Jerusalem anläßlich des 30. Internationalen Psychoanalytischen Kongresses *Jahre der Isolation. Freud 1890 – 1900*. 1986 wurde in Wien mit der Präsentation in der Volkshalle des Wiener Rathauses zum Thema D*ie Geschichte der Psychoanalyse in Wien und Deutschland* auf die Bedeutung der Entstehungsgeschichte der Psychoanalyse im deutschsprachigen Raum hingewiesen, mit der Ausstellung *Berggasse 1938 – die Vertreibung der Psychoanalyse* im Juli 1988 in den Räumlichkeiten der Berggasse 19 wurde der Öffentlichkeit erstmals die Auswirkung des Nationalsozialismus auf die weitere Entwicklung der Psychoanalyse nahegebracht. In den 1992 eröffneten Anna Freud-Gedenkräumen wurde die Ausstellung *Die Freudianer*, eine Photodokumentation des 13. Internationalen Psychoanalytischen Kongresses 1934 in Luzern, photographiert von Tim Gidal, aus Hamburg übernommen und ein halbes Jahr lang gezeigt.

Der dritte wissenschaftliche Schwerpunkt der Sigmund Freud-Gesellschaft seit ihrem Bestehen zusammen mit den Vorträgen bzw. Symposien und den Ausstellungen ist die wissenschaftliche Forschungtätigkeit. Im Rahmen der Sigmund Freud-Gesellschaft wurden mehrere Forschungsprojekte durchgeführt, so zu den Themen *Hilflose Nähe? Mütter und Töchter erzählen: eine psycholinguistische Studie über die Mutter-Tochter-Beziehung* (1983, Prof. Ruth Wodak u. a.), *Die Folgen der elterlichen Scheidung auf die psychische Entwicklung des Kindes* (1986–1988, Dr. Helmuth Figdor u. a.), *Medienpaket Psychoanalyse in Österreich* (1989–1991, Mag. Inge Scholz-Strasser u. a.), *Die Rezeption der Psychoanalyse in Österreich* (1989–1991, Dr. Sylvia Zwettler-Otte u. a.), *Briefwechsel Sigmund Freud – Sándor Ferenczi* (1990–1994, Dr. Patricia Giampieri u. a.), *Neuordnung und Erfassung des Sigmund Freud-Haus-Archivs* (1992–1993, Mag. Lydia Marinelli u. a.). Für 1994 ist eine Ausstellung über den Internationalen Psychoanalytischen Verlag vorgesehen, die als Dokumentation in ganz Österreich gezeigt werden soll. Alle Forschungsvorhaben stehen unter der Leitung von Univ. Doz. Dr. Harald Leupold-Löwenthal und wurden im Rahmen der Sigmund Freud-Gesellschaft publiziert.

Seit 1975 gibt die Sigmund Freud-Gesellschaft das Sigmund Freud House Bulletin heraus; es erscheint zweimal jährlich und ist Bestandteil des Mitgliedsbeitrages. Das Sigmund Freud House Bulletin ist das wissenschaftliche Forum der Sigmund Freud-Gesellschaft, in dem die Vorträge des Jahresprogramms der Sigmund Freud-Gesellschaft publiziert werden; fallweise erscheinen themenzentrierte Sonderhefte. Mitglieder erhalten das Sigmund Freud House Bulletin kostenlos. Weitere Publikationen der Sigmund Freud-Gesellschaft seit 1986 konzentrierten sich auf Themen der Angewandten Psychoanalyse wie z. B. *Psychoanalyse heute. Die öffentliche Geheimwissenschaft*, herausgegeben von Hans Lobner, Orac 1986, sowie *Kinder aus geschiedenen Ehen: Zwischen Trauma und Hoffnung* von Helmuth Figdor, Mainz 1991; auf die vielfältigen Anwendungsbereiche der Psychoanalyse, wie *Die Sigmund Freud Vorlesungen 1970–1988*, herausgegeben von Harald Leupold-Löwenthal und Inge Scholz-Strasser, Böhlau 1990; auf die theoretische Psychoanalyse wie *Philosophie und Psychoanalyse*, herausgegeben von Ludwig Nagl, Helmuth Vetter und Harald Leupold-Löwenthal, Frankfurt am Main 1990, und zur Geschichte der Psychoanalyse wie *Sigmund Freud, Wien IX. Berggasse 19*, Photographien von Edmund Engelman, mit einer Einleitung von Inge Scholz-Strasser, Wien 1993.

Gemäß den Statuten ist die Aufgabe der Sigmund Freud-Gesellschaft die Förderung und Unterstützung der Forschungen zu Theorie und Praxis der Psychoanalyse im allgemeinen und über das Leben und Werk Freuds im besonderen. Jeder, der die Ziele und die Arbeit der Sigmund Freud-Gesellschaft fördern möchte, kann Mitglied des Vereins werden. Jedes Mitglied erhält zweimal jährlich das Sigmund Freud House Bulletin und zweimal jährlich den Newsletter sowie Einladungen zu den Veranstaltungen, hat freien Eintritt im Museum und ist zur Teilnahme an allen Veranstaltungen der Gesellschaft bevorzugt berechtigt.

Den Vorstand der Sigmund Freud-Gesellschaft bilden die Mitglieder Dr. Dieter Bogner, Dr. Rudolf Dirisamer (Kassier-Stellvertreter), Dir. Dr. Günter Geyer (Kassier), Präsident Paul Grosz, Primarius Dr. Otto Hartmann, Dr. Eva-Maria Höhle, Univ. Doz. Dr. Harald Leupold-Löwenthal (Präsident), Dr. Hans Lobner (Schriftführer), Nationalratsabgeordneter Dir. Franz Mrkvicka, Gesandter Dr. Wolfgang Petritsch, Landtagspräsident Hubert Pfoch, Mag. Ingrid Scholz-Strasser (Generalsekretärin), Dir. Dr. Walter Schwimmer, Kom. Rat Thomas G. Smolka, Planungsstadtrat Dr. Hannes Swoboda, Univ.-Prof. Dr. Erika Weinzierl (Vizepräsidentin).

Der Wissenschaftliche Ausschuß, der sich im November 1993 neu konstituiert hat und alle zwei Jahre zusammentritt, besteht aus Wolfgang Berner (Wien), Harold Blum (New York), Sibylle Drews (Frankfurt), Horacio Etchegoyen (Buenos Aires), Vera Fischelova (Prag), André Green (Paris), György Hidas (Budapest), Harald Leupold-Löwenthal (Wien), Wolfgang Loch (Rottweil), Peter Neubauer (New York), Janice de Saussure (Genf), Lore Schacht (Emmendingen), Peter Schuster (Wien), Clifford Yorke (London).

Seit 1994 steht Dr. Helmuth Gröger vom Institut für Geschichte der Medizin/Universität Wien der Sigmund Freud-Gesellschaft als ständiger wissenschaftlicher Berater zur Verfügung. Dr. Hans Lobner hat die Sigmund Freud-Gesellschaft von 1968 bis 1986 als Kustos geleitet, DDr. Ella Lingens war von 1974 bis 1987 ehrenamtliche Generalsekretärin. Zu Ehrenmitgliedern der Gesellschaft wurden B'nai B'rith, Anna Freud, Frederik Hacker und Leonard Bernstein ernannt.

DER VEREIN DER FREUNDE DES SIGMUND FREUD-MUSEUMS, WIEN

1991 wurde auf Initiative von Generaldirektor Dr. Rene Alfons Haiden der Verein der Freunde des Sigmund Freud-Museums, Wien, ins Leben gerufen. Die vorrangige Aufgabe dieses Vereins, dem interessierte Persönlichkeiten aus Politik, Wirtschaft und Kultur angehören, ist die Erhaltung und der Ausbau des Sigmund Freud-Museums in den historischen Räumen in der Berggasse 19. Der Verein fördert die Erweiterung und Bereicherung der bestehenden Sammlung durch den Ankauf von Originaltexten Freuds, Briefen, Erstausgaben, Dokumenten und Raritäten der psychoanalytischen Literatur. Bis 1994 hat der Verein der Freunde des Sigmund Freud-Museums, Wien, einen Großteil des Nachlasses Richard F. Sterbas, die Krankengeschichte einer Patientin Sigmund Freuds, eine handsignierte Erstausgabe Freuds sowie Freud-Autographen gekauft. Im Bereich der musealen Ausgestaltung wurde u. a. der Videoraum installiert und das Wartezimmer 1993 renoviert. Das Bulletin des Vereins der Freunde des Sigmund Freud-Museums, Wien, publizierte bisher unveröffentlichte Dokumente zu Sigmund Freud und die Dokumentation „Berggasse 19/1994" von Gerald Zugmann.

Vorstand: Dr. Rene Alfons Haiden (Präsident), Dr. Franz Jurkowitsch (Vizepräsident), Dr. Harald Leupold-Löwenthal (Vizepräsident), Dkmf. Gerhard Randa (Kassier), Dr. Günter Geyer (Schriftführer), Kom. Rat Thomas Smolka (Schriftführer-Stellvertreter), Mag. Gerhard Praschak (Kassier-Stellvertreter).

DAS SIGMUND FREUD-HAUS

Im Sigmund Freud-Haus sind das Sigmund Freud-Museum, die Sigmund Freud-Haus-Bibliothek, das Sigmund Freud-Haus-Archiv und das Sekretariat der Sigmund Freud-Gesellschaft sowie des Vereins der Freunde des Sigmund Freud-Museums, Wien, untergebracht. Das Haus in der Berggasse 19 wurde 1891 nach den Plänen des Architekten Alfred Stierlin fertiggestellt, zuvor hatte von 1881 bis 1889 Victor Adler, der Mitbegründer der Sozialdemokratischen Arbeiterpartei Österreichs, an dieser Adresse gewohnt. Sigmund Freud bezog mit seiner Familie im September 1891 im Mezzanin die Wohnung links vom Stiegenaufgang und ordinierte bis 1908 im Parterre. Diese erste Praxis wird seit 1976 als Sekretariat und Archiv genützt. Bis 1908 lebte die Schwester Freuds, Rosa Graf, im Mezzanin in der Wohnung rechts vom Stiegenaufgang. Erst nachdem sie das Haus verlassen hatte, verlegte Freud seine Ordination ins Mezzanin. Weitere 30 Jahre sollte das Mezzanin in der Berggasse 19 für Freud und seine Familie, aber auch für die Entstehung und Verbreitung der Psychoanalyse bis zur Emigration am 4. Juni 1938 das Zentrum bleiben.

Heute steht der Name „Sigmund Freud-Haus" programmatisch für jene Pluralität von Einrichtungen und Räumlichkeiten, die dazu dienen, das Wissen um die Psychoanalyse, die Bedeutung ihres Gründers und des Personenkreises um ihn sowie die Forschung und Lehre zu diesem Wissensbereich zu erhalten, auszubauen und zu vertiefen. 1974 wurde das Sigmund Freud-Haus auf Initiative der Bezirksvertretung unter den Schutz der internationalen Bestimmung für Kulturgüter gemäß der Haager Konvention gestellt, 1976 ging es in den Besitz der Gemeinde Wien über.

Als erste internationale Tat nach Ende des Zweiten Weltkrieges ließ die World Federation for Mental Health 1953 an der Fassade des Hauses eine Tafel in Gedenken an Sigmund Freud mit der folgenden Inschrift anbringen: *In diesem Hause lebte und wirkte Professor Sigmund Freud in den Jahren 1891–1938, der Schöpfer und Begründer der Psychoanalyse.*

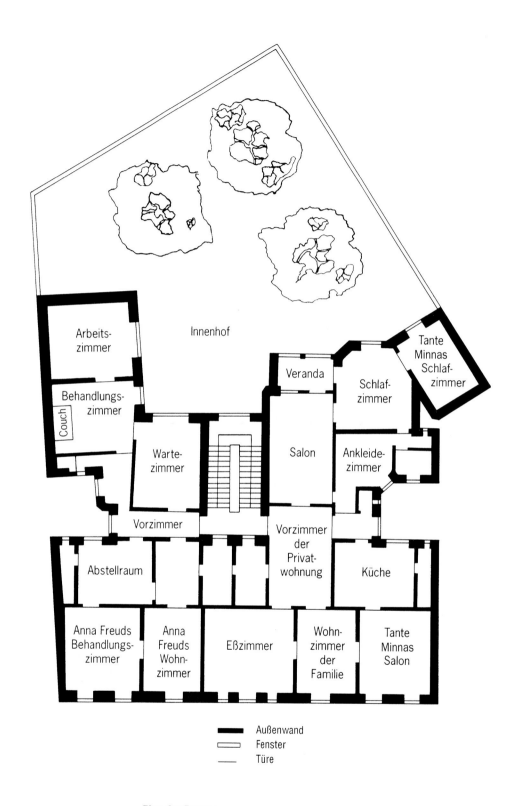

Arbeitszimmer

Innenhof

Tante Minnas Schlafzimmer

Behandlungszimmer

Couch

Veranda

Schlafzimmer

Wartezimmer

Salon

Ankleidezimmer

Vorzimmer

Vorzimmer der Privatwohnung

Küche

Abstellraum

Anna Freuds Behandlungszimmer

Anna Freuds Wohnzimmer

Eßzimmer

Wohnzimmer der Familie

Tante Minnas Salon

Außenwand

Fenster

Türe

Plan der Räume
der Familie Freud in der
Berggasse 19, Mai 1938

Arbeits-zimmer

Behandlungs-zimmer

Innenhof

Warte-zimmer

Vorzimmer

Medienraum

Anna Freud Gedenk-raum

Anna Freud Gedenk-raum

Außenwand
Fenster
Türe

Plan der Räume
Museum/Bibliothek
Berggasse 19, 1994

Museum
Bibliothek
Geplante Veranstaltungsräume
(Fertigstellung voraussichtlich 1996)

DAS SIGMUND FREUD-MUSEUM

INGE SCHOLZ-STRASSER

Die gesamte Fläche der ehemaligen Privatwohnung der Familie Freud sowie der Praxisräume Sigmund und Anna Freuds im Mezzanin des Hauses Berggasse 19 beträgt 406 m². Rund zwei Drittel der Räume sind ausgebaut und werden als Museum und Bibliothek genutzt. Das Museum ist öffentlich zugänglich, die Bibliothek für Studienzwecke benützbar.

DER EINGANGSBEREICH

Die Tür Nummer 6 im Mezzanin des Hauses Berggasse 19 führt zur ehemaligen Ordination Sigmund Freuds, dem heutigen Sigmund Freud-Museum, und trug Freuds Praxisschild. Ab 1923 führte diese Tür auch zur Ordination Anna Freuds. Zwei der früheren Ordinationsschilder Freuds sind an den Wänden im Eingangsbereich angebracht.

Im Vorzimmer (Nummer 322 bis 328 der Dokumentation) ist die originale Wandverkleidung (Holz mit Bastbespannung) erhalten, der Raum wurde mit einer Tasche und zwei Koffern aus Freuds Besitz sowie mehreren kleinen Memorabilien ausgestattet. Der schmale Gang, der zu einer Tapetentüre führt, welche den Eingangsbereich mit dem Behandlungszimmer verbindet, wurde nach der Krebserkrankung Freuds mit einem Stuhl ausgestattet, der die fachgerechte Behandlung und Versorgung Freuds gewährleisten sollte.

Die Vergitterung der Türe diente als Schutz gegen Einbrecher und wurde gemäß Photovorlagen im Stil der Zeit restauriert. Patienten und Besucher traten rechts durch die Türe mit geätzten Türgläsern in das Wartezimmer der Praxis Freuds.

DIE ORDINATION SIGMUND FREUDS

Das ehemalige *Wartezimmer* (Dokumentation Nummer 289 bis 321) wurde nach den Erinnerungen von Anna Freud und der Haushälterin, Paula Fichtl, die mit der Familie Freud Wien freiwillig verließ, wiederhergestellt und museal gestaltet. Die Möbel, gestiftet von Anna Freud, waren bereits zur Zeit der Psychologischen Mittwoch-Gesellschaft in Gebrauch. Die Protokolle jener Sitzungen, von Otto Rank verfaßt, sind ab 1906 erhalten und veröffentlicht.

Zu den Geschenken Anna Freuds gehören auch 79 Exponate aus der Antikensammlung ihres Vaters. Die getroffene Auswahl repräsentiert exemplarisch seine Interessensgebiete als Sammler und seine Leidenschaft als Archäologe.

Anläßlich der vollständigen Renovierung dieses Raumes 1993 wurden die

Vorzimmer des Sigmund Freud-Museums.
Photo: Gerald Zugmann

Tapeten entfernt, und es konnte die letzte Wandbemalung freigelegt werden, die auch auf den Photos von Edmund Engelman erkennbar ist. Im Deckenbereich wurden ebenfalls bis dahin nicht gezeigte Malereien freigelegt und wiederhergestellt. Für die Antikensammlung wurde in einer Wandvertiefung eine neue, funktionsgerechte Vitrine verfertigt. Das Wartezimmer ist als einziger Raum des Museums annähernd originalgetreu wiederhergestellt worden, wobei fehlende Bücherschränke durch Photodokumente aus der wissenschaftlichen Laufbahn Freuds ersetzt wurden. Besonderes Augenmerk verdient eine Briefkassette aus dem Besitz Freuds, in der heute ein Set Tarockkarten aufbewahrt wird.

Die schalldicht gepolsterte Doppeltüre bildete den Eingang in Freuds *Behandlungszimmer*, an das das *Arbeitszimmer* (beide Räume: Dokumentation Nummer 1 bis 288) anschließt.

In diesen beiden Räumen blieb die Anordnung der Objekte erhalten, die Tapeten wurden der ehemaligen Ausstattung nachempfunden. Links von der Eingangstüre zum Behandlungszimmer führt eine kleine Tapetentüre ins Vorzimmer – ein Ausgang, den Patienten benützen konnten, falls das Wartezimmer besetzt war. Die meisten Möbel und der Großteil von Freuds Antikensammlung, die hier aufgestellt war, sind im Freud Museum in London ausgestellt. Um anschaulich zu machen, wie die Ordination 1938 eingerichtet war, sind entlang der Wände Großphotos von Edmund Engelman montiert, die zeigen, wie die Möbel einst standen. Auch ein für die Zeit typischer Kachelofen befand sich hier; insgesamt 12 dieser Kachelöfen beheizten Freuds Ordination und Wohnung, doch ist lediglich jener im Wartezimmer erhalten geblieben.

An der linken Wandseite des *Behandlungszimmers* in der oberen Leiste beginnt mit der Nummer 1 eine Dokumentation zu Freuds Leben und Werk, die sich chronologisch durch das Behandlungs- und Arbeitszimmer verfolgen läßt und rechts von der Tür zum Wartezimmer endet. In den Vitrinen an den Wänden sind Objekte aus der Antikensammlung Freuds, Erstausgaben, Sonderdrucke und Separata, zum Teil mit handschriftlichen Widmungen Freuds, ausgestellt, weiters Schriftdokumente und persönliche Gegenstände, die die Lebens- und Schaffenszusammenhänge veranschaulichen. Die Dokumentation endet mit der Meldung des Todes Sigmund Freuds am 23. September 1939 in der Emigration in London.

DER MEDIENRAUM

Links vom Eingang führt eine schmale Türe zu den Räumen, in denen Anna Freud ab 1923 ordinierte und wohnte.

In den ehemaligen Küchenräumen, in denen vor allem der Terazzoboden als typische Ausstattung bürgerlicher Küchen erhalten geblieben ist, wurden 1993 im Zuge der Ausgestaltung dieses Raumes Sitzelemente installiert; hier werden Bild- und Tondokumente mit Sigmund Freud, seinen Kollegen und seiner Familie gezeigt. Das Filmdokument „Freud 1930–1939 mit einem Kommentar von Anna Freud" wurde von Anna Freud in ihren letzten Lebensjahren zusammengestellt und kommentiert. Es zeigt Sig-

Originaleinrichtung im Wartezimmer der Praxis Sigmund Freuds. Photo: Gerald Zugmann

Anna Freud-Gedenkräume. Photo: Gerald Zugmann

Medienraum. Photo: Gerald Zugmann

mund Freud von 1930 bis 1939 in Wien, Paris und London im Kreise seiner Familie und seiner engsten Freunde und Mitarbeiter. Der Originalfilm befindet sich im Anna Freud Centre in London und wird im Wiener Sigmund Freud-Museum exklusiv am Kontinent gezeigt.

DIE ORDINATION ANNA FREUDS

Die ehemalige Ordination Anna Freuds (Dokumentation Nummer 329 bis 351) wurde bis 1991 als Bibliothek benützt. Nach der Unterbringung der Bücherbestände in der neuen Bibliothek (top 5) wurden das ehemalige Behandlungs- und Wohnzimmer Anna Freuds renoviert und zum zehnten Todestag Anna Freuds im November 1992 als Anna Freud-Gedenkräume eröffnet. Möbel aus der Privatwohnung der Familie Freud sowie Teile der Bibliothek Anna Freuds werden hier ausgestellt. Unter den Büchern aus Anna Freuds Bibliothek sind zum Beispiel die Cahiers von Marie Bonaparte, Collected Poems von James Joyce, Morgenstern's Gallows Songs und einige Kinderbücher bemerkenswert. Die Bilddokumentation zu Anna Freud ist eine temporäre Ergänzung zum bestehenden Museum.
Anläßlich der Renovierung dieser Räume wurden 1992 nach mehr als 40 Jahren die Arbeits- und Wohnbereiche Freuds, die unmittelbar nach seiner Emigration durch Trennwände unterteilt worden waren, wieder miteinander verbunden.

ZEITTAFEL

ERDGESCHOSS

top 4: Sekretariat der Sigmund Freud-Gesellschaft, Ordination Sigmund Freuds von 1897 bis 1908

MEZZANIN

top 6: Sigmund Freud-Museum mit Bookshop,
Ordination Sigmund Freuds von 1908 bis 1938,
Ordination Anna Freuds von 1923 bis 1938
top 5: Sigmund Freud-Haus-Archiv und Sigmund Freud-Haus-Bibliothek, Privatwohnung der Familie Freud von 1891 bis 1938

1968:   Gründung der Sigmund Freud-Gesellschaft

1971:   Eröffnung des Sigmund Freud-Museums (ehemalige Praxis Sigmund Freuds) und des Sigmund Freud-Haus-Archivs (top 6)

1974:   Eröffnung der Sigmund Freud-Haus-Bibliothek in der ehemaligen Praxis Anna Freuds (top 6)

1976:   Erwerb von top 4 und Übersiedlung des Sekretariats und des Sigmund Freud-Haus-Archivs

1984:   Umgestaltung der ständigen Ausstellung im Sigmund Freud-Museum (top 6)

1987:   Erwerb der ehemaligen Privatwohnung und Adaptierung eines Teils der Räume für Bibliothekszwecke (top 5)

1991:   Eröffnung der neuen Sigmund Freud-Haus-Bibliothek (top 5)

1991:   Gründung des Vereins der Freunde des Sigmund Freud-Museums, Wien (Sekretariat top 4)

1992:   Renovierung der ehemaligen Praxis Anna Freuds und Eröffnung am zehnten Todestag,
Wiederherstellung der Verbindung zwischen Museum (top 6) und Bibliothek (top 5)

1993:   Eröffnung des Videoraumes im Sigmund Freud-Museum (top 6), Renovierung und Neugestaltung des Wartezimmers (top 6)

In Planung bis 1996: Renovierung und Ausgestaltung des Vortrags- und Ausstellungsraumes in der ehemaligen Privatwohnung (top 5)

DIE DOKUMENTATION DES MUSEUMS OBJEKTVERZEICHNIS

HARALD LEUPOLD-LÖWENTHAL
HANS LOBNER
INGE SCHOLZ-STRASSER

BENÜTZERHINWEISE FÜR DEN KATALOGTEIL

(A) Antike
(O) Original
(P) Publikation
Bei nicht ausgewiesenen Nummern handelt es sich um Photographien bzw. Reproduktionen.
Zitate (kursiv gedruckt) sind im Zitatnachweis verzeichnet; Objekte und dazu weiterführende Informationen sind im Bild- und Quellennachweis beschrieben.
Der Bildteil des Katalogs wurde auch um Photos erweitert, die nicht im Museum ausgestellt sind; diese Abbildungen sind mit einer eigenen Legende versehen.

BEHANDLUNGSZIMMER

1. Panorama-Aufnahme von Freiberg (Příbor) in Mähren, nach einer Ansichtskarte. *Ich bin am 6. Mai 1856 zu Freiberg in Mähren geboren, einem kleinen Städtchen der heutigen Tschechoslowakei. Meine Eltern waren Juden, auch ich bin Jude geblieben.* („Selbstdarstellung", 1925)

2. Der Hauptplatz von Freiberg. *Als ich ungefähr drei Jahre alt war, trat eine Katastrophe in dem Industriezweig ein, mit dem sich der Vater beschäftigte. Er verlor sein Vermögen, und wir verließen den Ort notgedrungen, um in eine große Stadt zu übersiedeln.* (Über Deckerinnerungen, 1899)

3. Antikes Mumienporträt auf Holz; spätägyptisch oder römisch. Das Original hing etwa an dieser Stelle in Freuds Behandlungszimmer.

4. Geburtshaus Sigmund Freuds in Freiberg, Schlossergasse (Zámečniká ulice) Nr. 117. Die Gedenktafel, die 1931 angebracht wurde, ist im Zweiten Weltkrieg entfernt und später durch eine andere ersetzt worden. *Ich habe Freiberg [...] mit sechzehn Jahren als Gymnasiast auf Ferien, Gast der Familie Fluß, wieder besucht und seither nicht wieder [...] tief in mir, überlagert, lebt noch immer fort das glückliche Freiberger Kind, der erstgeborene Sohn ei-*

ner jugendlichen Mutter, der aus dieser Luft, aus diesem Boden die ersten unauslöschlichen Eindrücke empfangen hat. (Brief an den Bürgermeister der Stadt Příbor, 25. 10. 1931)

5. Geburtsschein Sigmund Freuds, ausgestellt am 15. Mai 1856 in Freiberg.

6. Geburts- und Taufschein, ausgestellt am 19. Juli 1886 in Freiberg; 30 Jahre danach wurde Freud noch einmal ein Dokument ausgefertigt. Auf dem in deutscher und tschechischer Sprache abgefaßten Vordruck bestätigt der Pfarrkaplan der Dekanskirche Mariae Geburt als Matrikelführer die Geburt von Sigismund Freud; Namenspa-

1

tron war vermutlich Kaiser Sigismund (1368–1437), König von Böhmen, ein Beschützer der Juden. Der vorgedruckte Taufvermerk ist durchgestrichen und durch die handschriftliche Anmerkung ersetzt, daß Freud am *13ten Mai von Herrn Samson Frankel aus Mähr. Ostrau beschnitten worden ist.*

7. (A)[1]

8. Deckblatt der Familienbibel von Ludwig Philippson, 2. Ausgabe 1858; die erste Ausgabe erschien 1839 in 4 Bänden erstmals zweisprachig hebräisch und deutsch (die Bildunterschriften und Anmerkungen nur in deutscher Sprache) und war reich illustriert.

9. Gedenkblatt der Familienbibel von Ludwig Philippson, auf welchem Freuds Vater hebräisch und deutsch den Tod seines Vaters Salomon (Schlomo) und die Geburt und Beschneidung Sigmund Freuds vermerkte. *Mein Sohn Schlomo Sigmund ist geboren Dienstag den 1. Tag des Monats Iar 616, 6 1/2 Uhr Nachmittag=6. Mai 1856. Ist in den jüdischen Bund eingetreten Dienstag den 8. Tag im Monat Iar=am 13. Mai 1856.*

12. *Reise-Paß für Frau Amalia Freud, Kaufmannsgattin [...] zum weiteren Aufenthalte in Leipzig. [...] Brünn eilften August 1859.* Nach kurzem Aufenthalt in Leipzig ließ sich die Familie Freud in Wien nieder.

13. Sigmund Freud um 1863. *Ich glaube, man merkt mir was Fremdartiges an, und das hat seinen letzten Grund darin, daß ich in der Jugend nicht jung war und jetzt, wo das reife Alter beginnt, nicht recht altern kann. Es gab eine Zeit, in der ich nichts anderes als wißbegierig und ehrgeizig war [...]. Seitdem weiß ich längst, daß ich kein Genie bin und verstehe nicht mehr, wie ich es zu sein wünschen konnte.* (An Martha Bernays, 2. 2. 1886)

14. Reproduktion von Holzschnitten aus der Bibelausgabe von Ludwig Phi-

---

[1] Die Antiken, ausgestellt im Behandlungs- und im Arbeitszimmer, werden unter ihrer laufenden Objektnummer ab Seite 88 gelistet und beschrieben.

Marktplatz in Příbor, Geburtsort Sigmund Freuds. Archiv Brandstätter

Geburtshaus Sigmund Freuds, 20er Jahre.

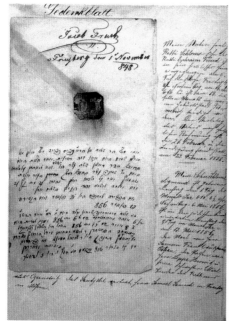

9

13

16

lippson, die Freud als Kind kennen-
lernte: Ägyptische Gottheiten, Bahre,
Ägyptische Fähre. *Aus meinem sieben-
ten oder achten Jahre erinnere ich mich
an einen [Angsttraum]. Er [...] zeigte
mir die geliebte Mutter mit eigentümlich
ruhigem, schlafendem Gesichtsaus-
druck, die von zwei (oder drei) Personen
mit Vogelschnäbeln ins Zimmer getra-
gen und aufs Bett gelegt wird.* (Die
Traumdeutung, 1900)

In diesen frühen Eindrücken liegt
möglicherweise eine Wurzel von
Freuds außergewöhnlichem Interesse
an archäologischen Funden; am Ende
seines Lebens versuchte er, den jüdischen Monotheismus zu seinen ägyptischen Quellen hin zu verfolgen.

15. Ägyptische Holzstatuette, eine
vogelköpfige Gottheit darstellend, die
Freud neben seinem Behandlungsses-
sel aufgestellt hatte. *Es ist mir dann, als
hätte ich* [von dem Hausmeisterjungen
Philipp] *zuerst das vulgäre Wort gehört,
welches den sexuellen Verkehr bezeichnet [und] durch die Auswahl der Sper-
berköpfe deutlich genug gekennzeichnet
ist.* (Die Traumdeutung, 1900)

16. Freud mit dem Vater 1864. *Den ersten Unterricht empfing ich im väterli-
chen Hause, besuchte sodann eine Pri-
vatvolksschule und trat im Herbst 1865
in das Leopoldstädter Real- und Ober-
gymnasium ein.* (Curriculum vitae,
1885)

*Ich mochte zehn oder zwölf Jahre gewe-
sen sein, als mein Vater begann, mich
auf seine Spaziergänge mitzunehmen
und mir in Gesprächen seine Ansichten
über die Dinge dieser Welt zu eröffnen.*
(Die Traumdeutung, 1900)

17. Praterszene mit k. u. k. Offizie-
ren. *Es war eines Abends in einem der
Wirtshäuser im Prater, wohin die Eltern
den elf- oder zwölfjährigen Knaben mitzunehmen pflegten, daß uns ein Mann
auffiel, der von Tisch zu Tisch ging und
für ein kleines Honorar Verse über ein
ihm aufgegebenes Thema improvisierte.
Ich wurde abgeschickt, den Dichter an
unseren Tisch zu bestellen, und er erwies
sich dem Boten dankbar. Ehe er nach*

17

18

29

Blick auf die Taborstraße. Archiv Brandstätter

Praterstraße. Archiv Brandstätter

seiner Aufgabe fragte, ließ er einige Reime über mich fallen und erklärte es in seiner Inspiration für wahrscheinlich, daß ich noch einmal „Minister" werde. (Die Traumdeutung, 1900)

18. Freud mit seinen fünf jüngeren Schwestern und seinem Bruder Alexander (vorne Mitte) um 1867, nach einem anonymen Ölbild.

19. Sigmund Freud; eine Vergrößerung aus Nr. 18.

20. Ägyptischer Reliefgrabstein; das Original befand sich in Freuds Behandlungszimmer.

26. Das Braun-Radislowitz'sche Stiftungshaus in Wien II, Taborstraße 24, um 1902; im zweiten und dritten Stockwerk war ab 1864 das Leopoldstädter Gymnasium untergebracht.

27. Das Lehrerkollegium des Gymnasiums um 1870. In der Mitte – sitzend – Dr. Alois Pokorny, ein bedeutender österreichischer Pädagoge und Botaniker, der diese Schule von 1865 bis 1887 leitete. *Ich weiß nicht, was uns stärker in Anspruch nahm und bedeutsamer für uns wurde, die Beschäftigung mit den uns vorgetragenen Wissenschaften oder die mit den Persönlichkeiten unserer Lehrer. Jedenfalls galt den letzteren bei uns allen eine niemals aussetzende Unterströmung, und bei vielen führte der Weg zu den Wissenschaften nur über die Personen der Lehrer […].* (Zur Psychologie des Gymnasiasten, 1914)

28. Samuel Hammerschlag mit seiner Frau. Hammerschlag war Freuds Religionslehrer im Gymnasium und wurde ihm ein väterlicher Freund. *In seiner Seele glühte ein starker Funken von dem Geiste der großen jüdischen Wahrheitsbekenner und Propheten, der nicht eher erlosch, als bis hohes Alter seine Kräfte schwächte. Aber die Leidenschaftlichkeit seines Wesens war glücklich gemildert durch das ihn beherrschende Humanitätsideal unserer deutschen klassischen Periode, und seine Bildung ruhte auf dem Grunde philologischer und altklassischer Studien, denen er seine eigene Jugend gewidmet hatte.*

28

26

27

Der Religionsunterricht diente ihm als ein Weg der Erziehung zur Humanität, und aus dem Material der jüdischen Geschichte wußte er die Mittel zu finden, um die im Herzen der Jugend sich bergenden Quellen der Begeisterung anzuschlagen und sie weit hinaus über nationale oder dogmatische Beschränktheit sprudeln zu lassen. Wer von seinen Schülern ihn dann in seiner Häuslichkeit aufsuchen durfte, der erwarb einen väterlich fürsorgenden Freund an ihm und konnte inne werden, daß eine verständige Zärtlichkeit der Grundzug seines Wesens war. (Nachruf auf Professor S. Hammerschlag in der „Neuen Freien Presse" vom 11. 11. 1904)

29. Abbildung des Hannibal, in: „Rom" (1863). *Hannibal [...] war aber der Lieblingsheld meiner Gymnasialjahre gewesen; [...] Als dann im Obergymnasium das erste Verständnis für die Konsequenzen der Abstammung aus landesfremder Rasse erwuchs, und die antisemitischen Regungen unter den Kameraden mahnten, Stellung zu nehmen, da hob sich die Gestalt des semitischen Feldherrn noch höher in meinen Augen. Hannibal und Rom symbolisierten dem Jüngling den Gegensatz zwischen der Zähigkeit des Judentums und der Organisation der katholischen Kirche.* (Die Traumdeutung, 1900)

30. Abbildung von Oliver Cromwell, in: „Die Welt in Waffen" (1870). *Es ist die Erwähnung meines zweiten Knaben [Oliver Freud] dem ich den Vornamen einer großen historischen Persönlichkeit gegeben habe, die mich in den Knaben-*

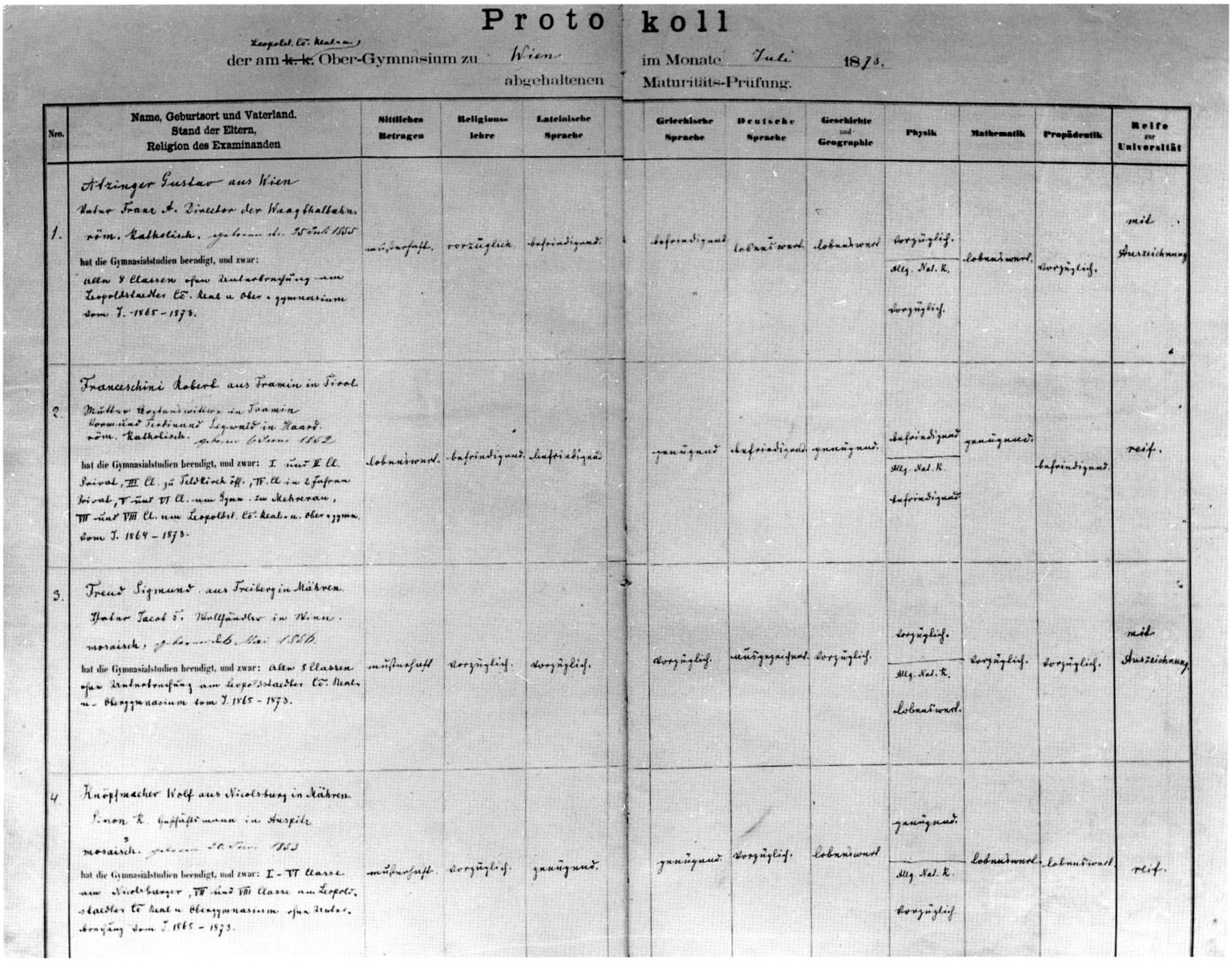

Protokoll
der am Leopoldst. Co. Real- u. Ober-Gymnasium zu Wien abgehaltenen
im Monate Juli 1873 Maturitäts-Prüfung.
Nro.
Name, Geburtsort und Vaterland. Stand der Eltern, Religion des Examinanden
Sittliches Betragen
Religionslehre
Lateinische Sprache
Griechische Sprache
Deutsche Sprache
Geschichte und Geographie
Physik
Mathematik
Propädeutik
Reife zur Universität
hat die Gymnasialstudien beendigt, und zwar:
Freud Sigmund aus Freiberg in Mähren
mit Auszeichnung
reif.

33

jahren, besonders seit meinem Aufenthalte in England, mächtig angezogen. (Die Traumdeutung, 1900)

31. Heinrich Braun (1854–1927), ein Jugendfreund Freuds, Schwager von Dr. Victor Adler, dem Mitbegründer der Sozialdemokratischen Arbeiterpartei Österreichs. *Ich weiß, daß ich Heinrich Brauns Bekanntschaft im ersten Gymnasialjahr, am Tage der ersten ‚Zensur' machte, und daß wir bald unzertrennliche Freunde waren.*
Die letzte eindrucksvolle Begegnung, die wir hatten, mag 1883 (?) oder 84 (?) stattgefunden haben. Er kam damals nach Wien und lud mich zu einem Mittagessen bei seinem Schwager Viktor Adler ein. Ich weiß noch, daß er damals Vegetarianer war und daß ich den kleinen Fritz[1] *zu sehen bekam, der ein bis zwei Jahre alt war. (Mir fällt es als merkwürdig auf, daß es in denselben Räumen war, die ich jetzt seit sechsunddreißig Jahren bewohne.)* (An Julie Braun-Vogelstein, 30. 10. 1927)
Den letzten Satz in dem Brief an Julie Braun-Vogelstein formuliert Freud sehr vorsichtig. Das Haus, in dem er 1891 mit seiner Familie eine Wohnung bezog, wurde erst in demselben Jahr fertiggestellt. Adler wohnte wohl in den achtziger Jahren in der Berggasse 19, allerdings in einem Haus, das 1837 errichtet und 1889 abgerissen wurde.

32. Freud, 16 Jahre alt, mit seiner Mutter Amalia (Malka) Freud geb. Nathanson. Sie wurde am 18. 8. 1835 in Odessa geboren und starb 1930 in Wien. 1853 heiratete sie Jacob Freud. *Ich glaube, daß meine Mutter bald aus Roznau abreisen wird, und möchte wissen, wann Deine Familie das gleiche tun*

[1] Der „kleine Fritz" ist der spätere Sozialdemokrat Dr. Friedrich Adler (1879–1960), der am 16. Oktober 1916 im Speisesaal des Hotels Meißl & Schaden aus Protest gegen die österreichische Kriegspolitik den Ministerpräsidenten Karl Graf Stürgkh erschoß.

Alte Universität. Archiv Brandstätter

wird. Die „Flüsse"[1] mit den kleinen Bächen und den übrigen werden in den ersten Septembertagen in Wien eintreffen. (An Eduard Silberstein, 16. 8. 1873)

33. *Protokoll der am Leopol[dstädter] Co[mmunal]-Real- u. Ober-Gymnasium zu Wien im Monate Juli 1873 abgehaltenen Maturitäts-Prüfung,* Lit. 3: *Freud Sigmund aus Freiberg in Mähren.*
Die Noten Freuds lauten:
Sittliches Betragen: musterhaft
Religionslehre (mosaisch): vorzüglich
Lateinische Sprache: vorzüglich
Griechische Sprache: vorzüglich
Deutsche Sprache: ausgezeichnet
Geschichte und Geographie: vorzüglich
Physik: vorzüglich
All[gemeine] Nat[urkunde]: lobenswert
Mathematik: vorzüglich
Propädeutik: vorzüglich
Reife zur Universität: mit Auszeichnung.
Die griechische Arbeit – aus Sophokles' „König Oidipus" – war Freud schon aus privater Lektüre geläufig; der deutsche Aufsatz „Über die Rücksichten bei der Wahl des Berufes" wurde wegen seines Stils besonders gelobt. *[...] und versäume es nicht, das glückliche Ereignis, das erste in seiner Art, so weit als mög-*

___
[1] Gemeint ist die Familie Fluß.

lich zu verschicken. An Sie, zum Beispiel, der Sie bis jetzt wohl auch nicht gemerkt haben, daß Sie mit einem deutschen Stilisten Briefe tauschen. Nun aber rate ich Ihnen, als Freund, nicht als Interessent – bewahren Sie auf – binden Sie zusammen – hüten Sie wohl – man kann nicht wissen. (An Emil Fluß, 16. 6. 1873, nachts)

34. (P) Erstausgabe von Freuds Beitrag „Zur Psychologie des Gymnasiasten" in der Festschrift des ehemaligen Leopoldstädter Gymnasiums, 1914 zum 50jährigen Bestand. *Es hat das Komitee mit einer wohl berechtigten Genugtuung erfüllt, eine so stattliche Zahl aus unserer Anstalt hervorgegangener Herren in Stellungen zu sehen, die unserer Absicht entsprachen.* (Dr. Viktor von Renner im Vorwort der Festschrift, Oktober 1914)

37. Professor Carl Bernhard Brühl (1820–1899), Ordinarius für vergleichende Anatomie an der Universität Wien, hielt an Sonntagen populärwissenschaftliche Vorträge, die der junge Freud besuchte. *[...] ich weiß, daß der Vortrag von Goethes schönem Aufsatz „Die Natur" in einer populären Vorlesung* [von Prof. Carl Brühl] *kurz vor der Reifeprüfung die Entscheidung gab, daß*

ich Medizin inskribierte. („Selbstdarstellung", 1925). Es ist nicht geklärt, ob der Aufsatz von Goethe oder dem Schweizer Theologen G. Ch. Tobler stammt.

38. Besucher der Wiener Weltausstellung (1873) auf dem Dach der Rotunde, Xylographie nach einer Zeichnung von Franz Kollarz. *In der Ausstellung war ich bereits zweimal [...] Ein großes, zusammenhängendes Bild des menschlichen Treibens, wie's die Blätter sehen wollen, finde ich nicht, ebensowenig wie ich aus einem Herbarium die Züge einer Landschaft herausfinden kann. Es ist im Ganzen ein Schaustück für die geistreiche, schönselige und gedankenlose Welt, die sie auch zumeist besucht.* (An Emil Fluß, 16. 6. 1873, nachts)

39. Die Alte Universität am Jesuitenplatz in Wien I., heute Dr.-Ignaz-Seipel-Platz; seit 1856 Sitz der Österreichischen Akademie der Wissenschaften. *Heute 16 beginnen die Inskriptionen, Montag 20ten die Arbeiten im Laboratorium, Dienstag ist die erste Vorlesung von 12–1. / Ihr Sig. Fr.* (Briefkarte an Emil Fluß, 16. 4. 1874)

40. Charles Robert Darwin (1809–1882). *Indes, die damals aktuelle Lehre Darwins zog mich mächtig an, weil sie eine außerordentliche Förderung des Weltverständnisses versprach [...].* („Selbstdarstellung", 1925)
Ich werde Einsicht nehmen in die jahrtausendealten Akten der Natur, vielleicht selbst ihren ewigen Prozeß belauschen und meinen Gewinn mit jedermann teilen, der lernen will. (An Emil Fluß, 1. 5. 1873)

41. *Nationale* (Inskriptionsbogen) der medizinischen Fakultät für das vierte Studiensemester. Außer den obligaten naturwissenschaftlichen Kollegien besuchte Freud durch mehrere Semester Vorlesungen in Philosopie, die von Franz von Brentano gehalten wurden.

42. *Nationale* für das sechste Studiensemester. Während seines Militärdienstes übersetzte Freud über Vermittlung von Brentano und Theodor Gomperz einige Arbeiten von John Stuart Mill aus dem Englischen (siehe Nr. 53).

43. Prof. Dr. Carl Claus (1835–1899), Leiter des Instituts für Zoologie und vergleichende Anatomie der Universität Wien, Lithographie von Rudolf Fenzl. *In den ersten Jahren meiner Universitätszeit hörte ich vorwiegend physikalische und naturhistorische Kollegien, arbeitete auch ein Jahr lang im Laboratorium des Herrn Prof. C. Claus und wurde zweimal zur Ferialzeit in die Triester Zoologische Station geschickt.* (Curriculum vitae, 1885)

46. Vier Zeichnungen von Wilhelm Busch (Studien zu: „Drohendes Verhängnis", „Gefahr im Verzuge", „Künstler's Hoffnung", Prosit Neujahr für 1897[?]); die Originale hingen in der Zimmerecke hinter Freuds Lehnstuhl

in einem Rahmen. *Wer Sorgen hat, hat auch Likör.* (W. Busch, Die fromme Helene, zitiert in „Das Unbehagen in der Kultur", 1930)

47. Gesuch des Stud. med. Sigmund Freud um ein Reisestipendium für Triest. *Hohes Ministerium. Der Gefertigte hat nachdem er mehrere Semester zoologische Collegien gehört hatte, im Wintersemester 1875/76 im zoolog.-zootomischen Institut gearbeitet u wird sich für sehr gefördert halten, wenn es ihm möglich wird, seine Studien während der Osterferien in Triest fortzusetzen. Da er aus eigenen Mitteln zu wenig für den Aufenthalt dort aufwenden könnte, ersucht er das hohe Ministerium um ein Reisestipendium. – Wien 22. Februar 1876. Sigmund Freud.*

48. Die Familie Freud um 1876. Von links nach rechts, stehend: Paula, Anna, ein unbekanntes Mädchen, Sig-

mund, Emanuel (Freuds Halbbruder), Rosa, Mitzi, Simon Nathanson (Vetter Amalia Freuds); sitzend: Dolfi, Amalia Freud, Jacob Freud; im Vordergrund: Alexander, unbekanntes Kind.

49. Dr. Victor Adler (1852–1918) mit Emma Adler im Garten des alten Hauses Berggasse 19 im Sommer 1886. *In einem deutschen Studentenverein gab es eine Diskussion über das Verhältnis der Philosophie zu den Naturwissenschaften. Ich grüner Junge, der materialistischen Lehre voll, drängte mich vor, um einen höchst einseitigen Standpunkt zu vertreten. Da erhob sich ein überlegener älterer Kollege, der seitdem seine Fähigkeit erwiesen hat, Menschen zu lenken und Massen zu organisieren, [...] und machte uns tüchtig herunter; auch er habe in seiner Jugend die Schweine gehütet [...] wunderte ich mich nicht mehr über den Ton seiner Reden. [...]*

48

37

Großer Aufruhr; ich wurde von vielen Seiten aufgefordert, meine Worte zurückzunehmen, blieb aber standhaft. Der Beleidigte war zu verständig, um das Ansinnen einer Herausforderung, das man an ihn richtete, anzunehmen, und ließ die Sache auf sich beruhen. (Die Traumdeutung, 1900); siehe auch Text zu Abbildung 31.

50. Prof. Ernst Wilhelm Ritter von Brücke (1819–1892), Vorstand des Physiologischen Instituts der Universität 1849–1890. Er gehörte mit Helmholtz und du Bois-Reymond dem Berliner Physiologenkreis um Johannes Müller an, ehe er nach Wien berufen wurde. Freud benannte seinen jüngsten Sohn (Architekt Ernst Freud) mit Brückes Vornamen. *Im physiologischen Laboratorium von Ernst Brücke fand ich endlich Ruhe und volle Befriedigung, auch die Personen, die ich respektieren und zu Vorbildern nehmen konnte: Meister Brücke selbst und seine Assistenten Sigmund Exner und Ernst von Fleischl-Marxow, von denen der letztere, eine glänzende Persönlichkeit, mich sogar seiner Freundschaft würdigte.* („Selbstdarstellung", 1925)

51. Hofansicht des Physiologischen Instituts der Universität Wien (ehemalige Werndlsche Gewehrfabrik). *Außerdem mußte ich in den ersten Universitätsjahren die Erfahrung machen, daß Eigenheit und Enge meiner Begabungen mir in mehreren wissenschaftlichen Fächern, auf die ich mich in jugendlichem Übereifer gestürzt hatte, jeden Erfolg versagten. Ich lernte so die Wahrheit der Mahnung Mephistos erkennen: „Vergebens, daß ihr ringsum wissenschaftlich schweift, / Ein jeder lernt nur, was er lernen kann."* („Selbstdarstellung", 1925)

52. Prof. Ernst von Fleischl-Marxow (1846–1891), Assistent Brückes und enger Freund von Sigmund Freud; sein Bild hing in Freuds Behandlungszimmer neben der Couch, sein Denkmal steht neben den Büsten anderer medizinischer Lehrer Freuds im Arkadenhof der Universität Wien. *Er ist ein ganz ausgezeichneter Mensch, an dem Natur und Erziehung ihr Bestes getan haben. Reich, in allen Leibesübungen ausgebildet, mit dem Stempel des Genies in sei-*

49

40

nen energischen Zügen, schön, feinsinnig, mit allen Talenten begabt und fähig, in den allermeisten Dingen ein originelles Urteil zu schöpfen, war er immer mein Ideal, und ich war erst ruhig, als wir Freunde wurden und ich an seinem Können und Gelten eine reine Freude haben durfte. (An Martha Bernays, 27. 6. 1882)

53. John Stuart Mill: Über Frauenemancipation. Plato. Arbeiterfrage. Socialismus. / übersetzt von Sie[!]gmund Freud. – Leipzig: Fues's, 1880 (John Stuart Mill's Gesammelte Werke, Bd. 12). *Es ist aber weder nothwendig, noch gerecht, die Frauen in die Zwangslage zu versetzen, daß sie entweder Mütter oder gar nichts sein müssen, oder daß sie, wenn sie einmal Mütter gewesen sind, ihr ganzes übriges Leben nichts anderes sein dürfen.* (Über Frauenemancipation)

54. Zeugnis Professor Ernst Brückes für Freud *behufs Erlangung eines Stipendiums*, ausgestellt am 14. November 1877. *Herr stud. med. Sigm. Freud hat sich in den letzten vier Semestern mit vorzüglichem Fleiße und Geschick und mit ausgezeichnetem Erfolge im physio-*

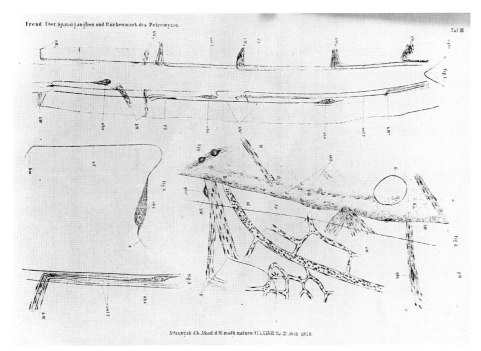

58

52

logischen Institute mit mikroskopischen
Studien beschäftigt. (Zeugnis)
*Die Wendung kam 1882, als mein über
alles verehrter Lehrer den großmütigen
Leichtsinn meines Vaters korrigierte, indem er mich mit Rücksicht auf meine
schlechte materielle Lage dringend
mahnte, die theoretische Laufbahn aufzugeben. Ich folgte seinem Rate, verließ
das physiologische Laboratorium und
trat als Aspirant in das Allgemeine
Krankenhaus ein.* („Selbstdarstellung",
1925)

55A. + 55B. (O) Bildnisplakette auf
Prof. Ernst Brücke aus dem Besitz
Freuds von P. Breithut; Bronze; der
Gipsabguß zeigt die Rückseite der Plakette: Schreitender Mann mit erhobenen Armen zur Sonne blickend, vor der
ein Adler schwebt. *Heute bin ich um
drei Uhr zu Fleischl, [...] ich zeigte ihm
die Präparate der Reihe nach: [...]. Als
ich bei den ersten Goldpräparaten war,
kam Brücke angegangen. „Gibt's was
zu sehen?" „Bitte, Vergoldungen des
Gehirns." – „Ah, das ist ja sehr schön,
und das Gold steht doch im Ruf, da
nichts zu leisten." – „Ja, das ist eine neue
Methode, Herr Hofrat." – „Ja so, Sie wer-*

43

*den ja noch durch Ihre Methoden allein
berühmt werden"; damit ging er ab.* (An
Martha Bernays, 25. 10. 1883)

57. (P) Sigmund Freud: Beobachtungen über Gestaltung und feineren Bau
der als Hoden beschriebenen Lappenorgane des Aals, 1877 (Separatdruck). Illustrationen: Reproduktionen von Litho-
graphien nach Zeichnungen Freuds.

50

*In den Monaten März und September
des Jahres 1876 habe ich [...] im Ganzen
etwa 400 Aale untersucht, die zwischen
200 mm und 650 mm lang waren [...].*
(Aus der Arbeit)

58. (P) Sigmund Freud: Über Spinal-
ganglien und Rückenmark des Petro-
myzon, 1878 (Separatdruck). Illustrationen: Reproduktionen von Lithogra-

61

62

Nothnagel gab ab 1891 das Sammelwerk „Spezielle Pathologie und Therapie" heraus, an dem er Freud beteiligte. *Ich war also bei N. mit meinen sämtlichen Werken und einer Empfehlung Meynerts. [...] Unheimlich, so einen Mann zu sehen, der viel über uns vermag, und über den wir gar nichts vermögen. Nein, der Mann ist keiner unserer Rasse. Ein germanischer Waldmensch. Ganz blondes Haar, Kopf, Wangen, Hals, Augenbrauen ganz unter Haar gesetzt und zwischen dem Haar und dem Fleisch kaum ein Farbunterschied. Zwei mächtige Warzen an der Wange und an der Nasenwurzel; nichts von Schönheit, aber gewiß etwas Besonderes.* (An Martha Bernays, 5. 10. 1882)

63. Theodor Meynert (1833–1892), Direktor der Zweiten Psychiatrischen Klinik im Allgemeinen Krankenhaus von 1876 bis 1892. Freud arbeitete drei Jahre unter Meynert und sammelte dabei wesentliche psychiatrische Erfah-

phien nach Zeichnungen Freuds. *Die Spinalganglienzellen der Fische waren seit langem als bipolar erkannt, jene der höheren Tiere galten als unipolar [...] ihre Nervenzellen zeigen alle Übergänge von der Bipolarität zur Unipolarität mit T-förmiger Faserteilung.* (Inhaltsangaben der wissenschaftlichen Arbeiten)

59. (P) Sigmund Freud: Notiz über eine Methode zur anatomischen Präparation des Nervensystems, 1879 (Separatdruck). *Modifikation einer von Reichert empfohlenen Methode. – Eine Mischung aus 1 Teil conc. Salpetersäure, 3 Teilen Wasser und 1 Teil conc. Glycerin eignet sich, indem sie Bindegewebe zerstört, Knochen und Muskeln leicht entfernbar macht, zur Darstellung des centralen Nervensystems mit seinen peripherischen Verzweigungen, insbesondere bei kleinen Säugetieren.* (Inhaltsangaben der wissenschaftlichen Arbeiten)

60. Das Professoren-Collegium der k. k. medicinischen Facultät der Wiener Universität 1881/1882, Lithographie von Adolf Dauthage. Im Juli 1880 legte Freud das zweite medizinische

Rigorosum ab. *Also, als ich dasaß in meinen Wehen und der verhängnisvolle Tag vor der Prüfung (Ereb Examen, wie er im Altertum geheißen haben soll) herannahte und ich merkte, daß ich immer noch das gesamte Material vor mir habe, beschloß ich, mich in Pharmakologie, wo ich bloß Narcotica gelernt hatte, aufzugeben und diesen schönen Gegenstand geräuschlos nach den Ferien zu wiederholen. Aber am Mittwoch nachmittag 24 Stunden vor der Entscheidung überlegte ich es mir nochmals [...].* (An Carl Koller, 23. 7. 1880)

61. Die Aula der Alten Universität, in der am 31. März 1881 Freuds Promotion stattfand.

62. Hermann Nothnagel (1841 bis 1905), ab 1882 Ordinarius für Innere Medizin, war einer der bedeutendsten Lehrer und Diagnostiker der Zweiten Wiener medizinischen Schule. *Im Juli 1882 trat ich ins Allgemeine Krankenhaus ein und diente zunächst ein halbes Jahr als Aspirant an der medizinischen Klinik des Herrn Prof. H. Nothnagel.* (Curriculum vitae, 1885)

65

64

63

rungen. *Er giebt mehr Anregung als ein Rudel Freunde.* (An Martha Bernays, 21. 6. 1883)

64. Flügel der Zweiten Psychiatrischen Klinik im Allgemeinen Krankenhaus. *Am 1. Mai 1883 wurde ich zum Sekundararzt an der psychiatrischen Klinik des Herrn Prof. Th. Meynert ernannt, woselbst ich fünf Monate verblieb.* (Curriculum vitae, 1885)

65. Der Felsentempel von Abu Simbel, nach einem Aquarell von E. Koerner. Das ehemals hier über der Behandlungscouch hängende Bild hatte ein Pendant in H. Ulbrichs „Sphinx von Gizeh" (1905), die neben der Verbindungstüre hing.

68. Skizze des Wohn- und Arbeitszimmers im dritten Hof des Allgemeinen Krankenhauses, in dem Freud im Herbst 1883 lebte und arbeitete. Er fertigte diese Skizze für seine Braut Martha an. *Was ich jetzt mache? Ich bin fleißiger als je und wohler als je. Ich arbeite mich meist durch einen Wust von Zeitungen durch, lese zum Teil für mich, zum Teil für die medizinische Wochenschrift, sitze im Laboratorium, wo meine Methode wirklich noch immer geht und sehr schön ausschaut, [...] und früh bis elf Uhr, fast hätte ich daran vergessen, funktioniere ich auf den Krankenzimmern als lernbegieriger, schreibbeflissener, mitunter operativ wirkender Sekundararzt.* (An Martha Bernays, 9. 10. 1883)

69. Hauptportal des Wiener k. k. Allgemeinen Krankenhauses in Wien IX., Alser Straße 4. *Das k. k. allgemeine Krankenhaus wurde von Kaiser Josef II.*

Martha Bernays um 1885.

51

gegründet und im Jahre 1784 als „öffentliches allgemeines Krankenspital" eröffnet. (Wagner: Orientirungsplan)
1886 umfaßte das Allgemeine Krankenhaus 14 Kliniken mit 17 Abteilungen sowie das pathologisch-anatomische Institut und das Gebärhaus mit drei Kliniken. *Wenn auch das allgemeine Krankenhaus ursprünglich nur Heilanstalt war; [...] so hat [es sich] im Laufe der Jahre doch insofern sehr geändert, dass jetzt die Anstalt als eine vielfach den Unterrichtszwecken die-*

nende Krankenanstalt bezeichnet werden muß. (Wagner: Orientirungsplan)
70. Martha Bernays mit 21 Jahren, zur Zeit der Verlobung mit Freud im Juni 1882. Die Familie Bernays stammte aus Wandsbek bei Hamburg und übersiedelte 1869 nach Wien. Nach dem Tod des Vaters, Michael Bernays, zog die Familie 1882 wieder nach Wandsbek. Zwischen 1882 und 1886, der Zeit der Trennung, schrieben sich die beiden Verlobten die „Brautbriefe". *Martha ist mein, das süße Mädchen,*

von dem alle mir mit Verehrung sprechen, das beim ersten Zusammensein trotz allen Sträubens meinen Sinn gefangennahm, um das ich zu werben mich fürchtete, und das im hochsinnigen Vertrauen mir entgegenkam, den Glauben an meinen eigenen Wert mir erhöht und neue Hoffnung und Arbeitskraft mir geschenkt hat, als ich ihrer am dringendsten bedurfte. (An Martha Bernays, 19. 6. 1882)

ÜBER COCA.

Von

Dr. SIGM. FREUD

Secundararzt im k. k. Allgemeinen Krankenhause
in Wien.

Neu durchgesehener und vermehrter Separat-Abdruck aus dem
„Centralblatt für die gesammte Therapie".

WIEN, 1885.
VERLAG VON MORITZ PERLES
Stadt, Bauernmarkt Nr. 11.

72

der Firma Merck um 1885; Cocain, Hydrochlor, cryst. albiss. F. Merck, Darmstadt. *Ein Deutscher hat nun dieses Mittel bei Soldaten versucht und wirklich angegeben, daß es wunderbar kräftig und leistungsfähig mache. Ich will mir nun das Mittel kommen lassen und [...] es bei Herzkrankheiten, ferner bei nervösen Schwächezuständen, insbesondere bei dem elenden Zustande bei der Morphiumentziehung (wie bei Dr. Fleischl) versuchen. Vielleicht arbeiten schon viele andere damit, vielleicht taugt es nichts. Aber das Versuchen will ich nicht unterlassen und Du weißt, was man oft versucht und immer will, das gelingt dann einmal. (An Martha Bernays, 21. 4. 1884)*

79

71. Sigmund Freud mit 29 Jahren, um 1885. *Ich weiß aber, [...] daß ich unter günstigen Bedingungen mehr leisten könnte als Nothnagel, dem ich mich weit überlegen glaube, und daß ich vielleicht Charcot erreichen könnte. Damit ist nicht gesagt, daß ich's werde, denn diese günstigen Bedingungen finde ich nicht mehr, und das Genie, die Kraft, sie zu erzwingen, besitze ich nicht. (An Martha Bernays, 2. 2. 1886)*

72. (P) Sigmund Freud: Über Coca, 1884 (Separatdruck). *Coca ist gestern nacht erst fertig geworden, die erste Hälfte ist auch schon heute korrigiert, es wird eineinhalb Bogen stark, die paar Gulden, die ich dabei verdient habe, mußte ich mir an meinem Schüler abziehen, den ich heute und gestern weggejagt habe. Nun liegt noch die Korrektur einer zweiten Arbeit vor mir, ich muß außerdem elektrisieren, lesen, Dienst im Journal halten, aber ich bin gesund wie ein Löwe, heiter und froh [...]. (An Martha Bernays, 19. 6. 1884)*

73. Abbildung einer Packung Cocain

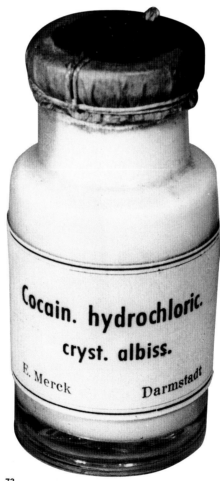

73

74. (P) Sigmund Freud: Beitrag zur Kenntnis der Cocawirkung, 1885 (Separatdruck). *[...] hat mein Kollege in diesem Krankenhause, Dr. Karl Koller, unabhängig von meiner persönlichen Anregung, den glücklichen Gedanken gefasst [...]. (Aus der Arbeit)*

75. (P) Sigmund Freud: Bemerkungen über Cocaïnsucht und Cocaïnfurcht mit Beziehung auf einen Vortrag W. A. Hammands. – Aus: Wiener med. Wochenschrift, Bd. 37, 1887. *Ich habe mannigfache Erfahrungen über länger fortgesetzten Cocaïngebrauch bei Personen, die nicht Morphinisten waren, und habe auch selbst das Medikament durch Monate genommen, ohne etwas von einem besonderen, dem Morphinismus ähnlichen Zustande oder von einem Verlangen nach weiterem Cocaingebrauche zu verspüren oder zu erfahren. (Aus der Arbeit)*

78. Willy Merck: Ueber Cocain, Dissertation, 1886. *Ein abseitiges, aber tiefgehendes Interesse hatte mich 1884 veranlaßt, mir das damals wenig bekannte*

Alkaloid Kokain von Merck kommen zu lassen und dessen physiologische Wirkungen zu studieren. Mitten in dieser Arbeit eröffnete sich mir die Aussicht einer Reise, um meine Verlobte wieder zu sehen, von der ich zwei Jahre getrennt gewesen war. [...] Als ich vom Urlaub zurückkam, fand ich, daß [...] Carl Koller (jetzt in New York), dem ich auch vom Kokain erzählt, die entscheidenden Versuche am Tierauge angestellt [...] hatte. Koller gilt darum mit Recht als Entdecker der Lokalanästhesie durch Kokain [...]. („Selbstdarstellung", 1925)

79. Carl Koller (1857–1944) um 1883, Augenchirurg, Kollege Freuds im Allgemeinen Krankenhaus, führte gemeinsam mit Freud Tierexperimente durch, entdeckte 1884 die Lokalanästhesie am Auge mit Kokain und erlangte für diese Entdeckung Weltruhm. *Ich hatte diese Verwendung des Alkaloids in meiner Publikation selbst angedeutet, aber war nicht gründlich genug, die Sache weiter zu verfolgen.* (Die Traumdeutung, 1900)

80. „Ödipus und die Sphinx", Reproduktion eines Gemäldes von Jean-Auguste-Dominique Ingres. Ein Stich von Ingres' Gemälde hing an dieser Stelle des Behandlungszimmers, neben einer

71

80

81

Kopie des „Gradiva"-Reliefs. *So ganz unwissend, Oidipus, machte sie stumm / Und trafs, von Vögeln nicht belehrt, mit eignem Witz* (Sophokles, V. 396 f.).

81. Gipsabguß des im Museum Chiaramonti in Rom befindlichen Reliefs der „Gradiva". Dieses ist eine römische Kopie des griechischen Originals aus der zweiten Hälfte des 4. Jh. v. Chr. Durch Zusammensetzung der „Gradiva" mit anderen Bruchstücken in Florenz und München ergaben sich zwei Reliefplatten mit je drei Gestalten, in denen man die Horen, die Göttinnen der Vegetation und die ihnen verwandten Gottheiten des befruchtenden Taus zu erkennen glaubt.

Sigmund Freud entdeckte dieses Relief 1907 anläßlich einer Rom-Reise im Museum Vaticano. Eine frühere Kopie hing etwa an dieser Stelle in Freuds Behandlungszimmer. (Siehe dazu auch Nr. 149 und Nr. 184.)

82. Die Privatheilanstalt für Gemüths- und Nervenkranke zu Ober-Döbling bei Wien. – Wien, 1876, Abbildung aus dem gleichnamigen Bericht. *Schreibe mir nur hierher, Dr. S. F., Arzt in der Heilanstalt Oberdöbling, Hirschengasse 71, ich will so viel Zeit als möglich hier zubringen, damit die Leute für die gute Behandlung auch was von mir haben. Meine Ordination halte ich nur Mittwoch und Freitag, an den Tagen, wo mein Amerikaner kommt, sonst habe ich ja in der Stadt nicht viel zu besorgen. Es grüßt dich herzlich Dein Sigmund* (An Martha Bernays, 8. 6. 1885)

83. Professor Maximilian Leidesdorf (1808–1889). *Ich muß Dir die Personen etwas näher beschreiben. Da ist zuerst Professor N. N. [Leidesdorf], der Oberherrscher, den ich bisher nur vom Ruf und Gesicht gekannt habe. Ein alter Herr, getaufter Jude, mit vertrackten Gesichtszügen, einer kleinen Perücke und steifem Gang, entweder infolge von Gicht oder einer Nervenkrankheit. Er ist außerordentlicher Professor der Psychiatrie, Primararzt an der Irrenanstalt, war der Lehrer von Meynert, aber der Schüler hat den Lehrer aus jeder wissenschaftlichen*

83

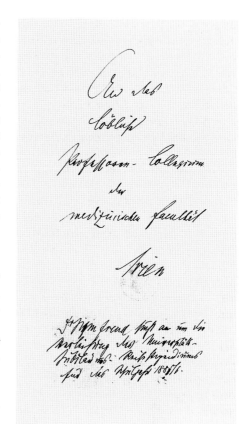

85

Position verdrängt, nur in der Praxis hat er ihm wenig anhaben können. Er ist kaum sehr begabt, aber was man sehr gescheut heißt, ein alter Praktikus und von zweifelhaftestem Charakter, nur egoistisch, völlig unzuverlässig und trotz seiner fünfundsechzig Jahre oder mehr keinem Genuß abgeneigt. Die Heilanstalt hat er in Gemeinschaft mit einem Dr. Obersteiner, der ein Stiefbruder von Minister Haymerle ist. Da nun N. N. eine einzige Tochter und Obersteiner einen einzigen Sohn hatte, haben die beiden einander geheiratet und der junge Professor Obersteiner, der Schwiegersohn von N. N., ist der eigentliche Leiter der Anstalt. [...] Er ist klein, dünn und unansehnlich, von sehr liebenswürdiger Gemütsart, großer Gewissenhaftigkeit und Anständigkeit. In der Wissenschaft ein fleißiger Arbeiter ohne besondere Leistungen, als Arzt zaghaft und bescheiden. (An Martha Bernays, 8. 6. 1885)

84. (P) Sigmund Freud: Die Structur der Elemente des Nervensystems (Vortrag im psychiatrischen Verein 1882), 1884. *Wenn wir die Annahme machen, dass die Fibrillen der Nervenfaser die Bedeutung von isolirten Leitungsbahnen haben, dann müssen wir sagen, dass die im Nerven getrennten Bahnen in der Nervenzelle zusammenfliessen, dann muss uns die Nervenzelle als der „Anfang" aller Nervenfasern gelten, welche anatomisch mit ihr in Zusammenhange stehen. [...] Wenn sich diese Annahme beweisen liesse, kämen wir ein gutes Stück in der Physiologie der Nervenelemente weiter [...].* (Aus der Arbeit)

85. Gesuch Freuds um die Zuerkennung des Universitäts-Jubiläums-Reisestipendiums 1884/85 nach Paris. *Ich bewerbe mich hiemit um das Universitäts-Jubiläums-Reisestipendium für das Schuljahr 1885/6 und hoffe den Bedingungen des Concurses durch folgende Angaben und Beilagen zu genügen.* (Reisestipendiumsgesuch, 1885)

86. An der Wand gegenüber, zwischen Fenster und Eingangstüre: „Une leçon du Docteur Charcot à la Salpêtrière", von P.-A. Brouillet, 1887. Eine Lithographie des Gemäldes hing an dieser Stelle. *Um zehn Uhr kam M. Charcot herein, ein großer Mann von achtundfünfzig Jahren, Zylinder auf dem Kopfe, mit dunkeln, eigentümlich weichen Augen (das heißt einem, das [andere] ist ausdruckslos und schielt nach innen), langen, hinter die Ohren gesteckten Haarresten, im Gesicht rasiert, sehr ausdrucksvollen Zügen, vollen, abstehenden Lippen, kurz wie ein Weltgeistlicher, von dem man sich viel Witz und Verständnis für gutes Leben erwartet. Er nahm Platz und begann, die Kranken zu examinieren. Er imponierte mir dabei sehr, glänzende Diagnose und offenbar ganz lebhaftes Interesse an allem, nicht wie wir von unseren großen Herren gewohnt sind, eine Art von vornehmer Oberflächlichkeit.* (An Martha Bernays, 21. 10. 1885)

86

88

J. M. Charcot, Photo mit Widmung an Dr. Freud.

87. Charcot mit seiner Frau auf den Stufen ihres Hauses. *Du wirst Dich vielleicht ebenso wie für meine Leistungen für die Personen von Mme. und Mlle. Charcot interessieren. Madame ist klein, rund, lebhaft, weiß gepuderte Haare, liebenswürdig, nicht sehr distinguiert im Aussehen. Der Reichtum stammt von ihr, Charcot war ein ganz armer Teufel, ihr Vater soll ungezählte Millionen besitzen.* (An Martha Bernays, 20. 1. 1886)

88. Jean Martin Charcot: Gesamtausgabe (3. Bd., Paris 1887) mit Widmung: „A Monsieur Le Docteur Freud, Excellent Souvenir dela Salpêtrière. Charcot 23. Janner 1888." *Denn Charcot brach plötzlich mit großer Lebhaftigkeit in die Worte aus: Mais dans des cas pareils c'est toujours la chose génitale, toujours … toujours … toujours. Und dabei kreuzte er die Hände vor dem Schoß und hüpfte mit der ihm eigenen Lebhaftigkeit mehrmals auf und nieder.* (Zur Geschichte der Psychoanalytischen Bewegung, 1914)

89. Sarah Bernhardt. Abb. nach A. Mucha, 1894. *Aber wie spielt diese Sarah! Nach den ersten Worten einer innigen, lieben Stimme war mir, als hätte ich sie seit jeher gekannt. Ich habe noch gar keine Schauspielerin gesehen, die mich so wenig überrascht hätte, ich habe ihr sofort alles geglaubt.* (An Martha Bernays, 8. 11. 1885)

90A. + 90B. (O) Zwei Ansichtskarten aus dem Familienbesitz: Skulpturen an der Fassade von Notre Dame in Paris (Gargoylen und Chimären). *Ich habe den vollen Eindruck von Paris und könnte sehr poetisch werden, es mit einer riesigen, geputzten Sphinx, welche alle Fremden frißt, die ihre Rätsel nicht lösen können, vergleichen [...] Nur soviel, die Stadt und die Menschen sind mir unheimlich, die Leute scheinen mir von ganz anderer Art als wir; ich glaube sie alle von tausend Dämonen besessen und höre, wie sie anstatt „Monsieur" und „Voilà l'Echo de Paris" schreien „A la lanterne" und „A bas dieser und jener".* (An Martha Bernays, 3. 12. 1885)

Prof. Max Kassowitz mit den Ärzten des Ersten Wiener Kinderkrankeninstituts, Steindlgasse 2; 1. Reihe, 1. von links: Sigmund Freud, 4. von links: Max Kassowitz.

91. (P) Sigmund Freud: Über den Ursprung des N[ervus] acusticus, 1886 (Separatdruck). *Beschreibung des Acusticusursprunges nach Präparaten vom menschlichen Fötus, erläutert durch vier Abbildungen von Querschnitten und ein Schema. (Inhaltsangaben der wissenschaftlichen Arbeiten)*

92. Prof. Adolf Baginsky (1843–1922), Ordinarius für Kinderheilkunde in Berlin. *Mein Aufenthalt in Berlin, der vom 1. März bis Ende März [1886] dauerte, fiel in die Zeit der dortigen Semesterferien. Doch hatte ich reichlich Gelegenheit, an den Polikliniken der Herren Prof. Mendel, Eulenburg und des Dr. A. Baginsky nervenkranke Kinder zu untersuchen, und fand überall entgegenkommendste Aufnahme. (Bericht über meine [...] Reise nach Paris und Berlin, 1886)*

95. Prof. Max Kassowitz (1842–1913), Leiter des Ersten Wiener Kinderkranken-Institutes, in das Freud 1886 als Leiter der Nervenabteilung eintrat. Er arbeitete dort unentgeltlich bis 1896. Das Institut war 1882 in zwei von der Kassowitz'schen Wohnung abgetrennten Räumen eröffnet worden und hatte 1884 bereits 7311 Ordinationen. Hier fand Freud wertvolle Freunde und schrieb seine bedeutendsten neurologischen Arbeiten.

96. Das Erste Wiener Kinderkranken-Institut von Prof. Max Kassowitz in Wien I., Steindlgasse 2.

95

92

97. Sigmund Freud und Martha Bernays in Wandsbek bei Hamburg, 1885. *Eine solche Ausdauer wie die unsrige muß ja selbst Herzen von Marmelstein rühren und Du wirst sehen, wir heiraten noch einmal unter den Glückwünschen der ganzen Familie und werden dann künftigen Generationen von Liebesleuten als Muster vorgeführt, und nur weil wir den Mut gehabt haben, einander lieb zu gewinnen, ohne nach Erlaubnis*

zu fragen. (An Martha Bernays, 6. 1. 1885)

98. Das Haus in Wien I., Rathausstraße 7, in dem Freud zu Ostern 1886 zwei Zimmer mietete und am 25. April seine Praxis eröffnete. *Ich kann Dir nicht mehr in der Ordination schreiben, denn es geht heiß zu. Ich habe ein Zimmer voller Leute und werde kaum bis drei Uhr fertig. Die Einnahmen sind noch nicht so glänzend, aber der Kranken, die mich in Anspruch nehmen, sind sehr viele.* (An Martha Bernays, 13. 5. 1886)

99A. Hochzeitsanzeige *Dr. Sigm. Freud – Martha Freud geb. Bernays – Vermälte. Wandsbek 14. September 1886.*

99B. Hochzeitsmenü mit Bildchen des Brautpaares. *Am 29. September hier angekommen, waren wir am 4. Oktober schon im Stande, den Beginn der Ordination anzukündigen. Meine kleine Frau hat mit Hilfe ihrer Mitgift und der Hochzeitsgeschenke ein reizendes Hauswesen aufgebaut, das für die edel prunkvollen Räume von Meister Schmidt [Architekt des Hauses] allerdings zu bescheiden ist.*
Nur eines geht bis jetzt garnicht nach Wunsch: die Praxis nämlich. (An Carl Koller, 13. 10. 1886)

99C. (O) Serviettenring zum Hochzeitsmenü mit Bild des Brautpaares.

100. (O) In der Mitte des Raumes: Mikrotom aus dem Besitz Sigmund Freuds: Ein Präzisionsgerät für die Herstellung sehr feiner Gewebeschnitte zur Mikroskopie. *Ich arbeite aber nicht zuhause und danke Dir daher herzlich für das zugedachte Mikrotom. Willst Du mir was schenken, was ich dringend brauche, so laß es ein Perimeter sein. Ich bin ja als Kliniker vorzugsweise auf das Studium der Hysterie angewiesen, und darin darf man heutzutage nicht ohne Gesichtsfeld publizieren.* (An Carl Koller, 13. 10. 1886)

101. J. M. Charcot: Neue Vorlesungen über die Krankheiten des Nervensystems insbesondere über Hysterie. – Leipzig und Wien: Toeplitz & Deuticke,

98

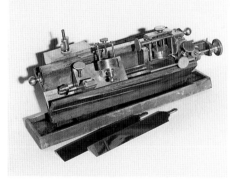

100

1886. Autorisierte deutsche Ausgabe von Dr. Sigm. Freud. Handschriftliche Widmung Freuds: „Meinem vor Allen hochgeehrten Freunde Dr. Josef Breuer, geheimem Meister der Hysterie und anderer complicirter Probleme, in stiller Widmung der Übersetzer." *Den Kern des Buches bilden die meisterhaften und grundlegenden Vorlesungen über Hysterie, von denen man mit dem Verfasser die Herbeiführung einer neuen Epoche in der Würdigung der wenig gekannten und dafür arg verleumdeten Neurose erwarten darf.* (Aus dem Vorwort Freuds)

97

102. (P) Sigmund Freud: Beiträge zur Kasuistik der Hysterie (I.: Beobachtung einer hochgradigen Hemianästhesie bei einem hysterischen Manne), 1886 (Separatdruck). Mit einer Widmung des Verfassers. Freud hielt diesen Vortrag am 26. 11. 1886 in der Gesellschaft der Ärzte. *Dies versuchte ich auch, aber die Primarärzte, auf deren Abteilung ich solche Fälle fand, verweigerten es mir, sie zu beobachten oder zu bearbeiten. [...] Endlich trieb ich außerhalb des Spitals einen Fall [...] auf, den ich in der „Gesellschaft der Ärzte" demonstrierte. Diesmal klatschte man mir Beifall, nahm aber weiter kein Interesse an mir. Der Eindruck, daß die großen Autoritäten meine Neuigkeiten abgelehnt hätten, blieb unerschüttert [...]. („Selbstdarstellung", 1925)*

103. (P) Sigmund Freud: Über die Beziehung des Strickkörpers zum Hinterstrang und Hinterstrangkern, nebst Bemerkungen über zwei Felder der Oblongata; von Dr. L. O. Darkschewitsch (Moskau) und Dr. Sigm. Freud (Wien), 1886 (Separatdruck). Diese Arbeit entstand in Paris. *Lieber Freund, sage ich, nein, das publizieren wir zu-*

sammen, und zwar gleich jetzt. Ich habe einige Präparate mit, Sie deren eine Menge, wir studieren die zusammen durch, dann machen Sie eine Zeichnung, ich den Text und wir lassen das Zeug zusammen los. Einverstanden. [...] in drei Wochen kannst Du Deiner Sammlung wissenschaftlicher Abhandlungen in der alten Mappe ein neues kleines Werk [...] einverleiben. (An Martha Bernays, 17. 1. 1886)

104. Brief an die k. k. Gesellschaft der Ärzte, mit dem Vorschlag, Dr. Sigmund Freud zum Mitglied der k. k. Gesellschaft der Ärzte zu wählen (16. 2. 1887).

106. Ordinationsanzeige Freuds nach der Übersiedlung in das Kaiserliche Stiftungshaus in Wien I., Maria-Theresien-Straße 8.

107. Das sogenannte Sühnhaus, das Kaiserliche Stiftungshaus, in Wien I., Maria-Theresien-Straße 8, in dem Freud vom Juli 1886 bis zum August 1891 wohnte und ordinierte. Das Gebäude war an der Stelle des abgebrannten Ringtheaters errichtet worden; Freuds Vierzimmerwohnung hatte einen hohen Zins von 1600 Gulden jährlich. Er zog im Herbst 1886 mit seiner

Anzeige der Ordination Maria-Theresien-Straße 8.

Frau Martha ein, die ersten drei Kinder Mathilde (1887), Martin (1889) und Oliver Freud (1891) kamen in diesem Haus auf die Welt. *Du hast recht zu vermuten, daß Paris einen neuen Anfang der Existenz für mich bedeutet. [...] Von Paris zurückgekommen [...] habe ich mich hier verzweiflungsvoll niedergelassen. Gemietete Zimmer und Bedienung, dabei rasch einschmelzender geringer Bar-Vorrat. Es ging mir aber über Erwarten gut. Was Breuers Hilfe, was der Name Charcots dazugetan hat, und vielleicht der selbstverständliche Zulauf zu einer Novität, will ich nicht analysieren; ich nahm in dreieinhalb Monaten 1100 fl. ein und sagte mir, daß ich heiraten könnte, wenn es so verhältnismäßig immer besser weiter ginge. (An Carl Koller, 13. 10. 1886)*

108. Verordnungsblatt f. d. k. k. L. W. Nr. 31 ex 1886. *Seine kaiserl. und königl. Apostolische Majestät haben mit der Allerhöchsten Entschließung vom 24. Oktober 1886 Sie zum Regimentsarzt zweiter Classe [...]. Im Jahre 1888 ließ sich Freud „bei gleichzeitiger Ablegung des Offiziers-Charakters" in den Ruhestand versetzen.*

99 B

109. Freud um 1887, nach einem Paßphoto. Am 13. Oktober 1886 hielt Freud einen Vortrag, um *in der „Gesellschaft der Ärzte" Bericht über das zu erstatten, was ich bei Charcot gesehen und gelernt hatte. Allein ich fand eine üble Aufnahme. Maßgebende Personen wie der Vorsitzende, der Internist Bamberger, erklärten das, was ich erzählte, für unglaubwürdig. Meynert forderte mich auf, Fälle, wie die von mir geschilderten, doch in Wien aufzusuchen und der Gesellschaft vorzustellen.* („Selbstdarstellung", 1925)

110. Minna Bernays (1865–1941). Die Schwester Martha Freuds blieb nach dem Tode ihres Verlobten Ignaz Schönberg unverheiratet und lebte seit 1896 mit der Familie Freud in der Berggasse 19. *Ihr wißt schon durch Telegramm, daß wir ein Töchterchen haben. Es wiegt dreitausendvierhundert Gramm, was sehr anständig ist, ist furchtbar häßlich, lutscht von seinem ersten Moment ab an seiner rechten Hand, scheint sonst sehr gutmütig und benimmt sich, als ob es wirklich zu Hause wäre. [...] Es heißt natürlich Mathilde nach Frau Dr. Breuer. Wie kann man*

„Sühnhaus".

über ein fünf Stunden altes Ding so viel schreiben? Ich habe es nämlich schon sehr lieb, obwohl ich es noch nicht bei Licht gesehen habe. (An Emmeline und Minna Bernays, 16. 10. 1887, halb ein Uhr nachts)

111. Das in Nr. 110 erwähnte Telegramm mit der Nachricht der Geburt Mathilde Freuds.
Gestern acht Abends prächtiges Mädel Martha und Kind sehr wol. Brief unterwegs. Herzlichen Gruß
Sigmund

112. Sigmund Freud: Zur Auffassung der Aphasien. Eine kritische Studie. – Leipzig und Wien: Deuticke, 1891. Dieses bedeutende Werk, das nur in wenigen Exemplaren in den Handel gelangte, bereitet den Weg zur späteren psychologischen Betrachtungsweise Freuds und ist Josef Breuer gewidmet. *In wenigen Wochen werde ich mir die Freude machen, Ihnen ein Heft über Aphasie zu schicken, an dem ich selbst mit größerer Wärme beteiligt bin. Ich bin darin sehr frech, messe meine Klinge mit Ihrem Freund*

Wernicke, mit Lichtheim, Grashey und kratze selbst den hochthronenden Götzen Meynert. (An Wilhelm Fließ, 2. 5. 1891)

109

110

Die Aphasie ist, wie Du gleichzeitig Dich überzeugen kannst, bereits erschienen und hat mir schon jetzt eine schwere Enttäuschung bereitet. Breuers Aufnahme war nämlich eine so merkwürdige. Kaum gedankt und sehr verlegen gewesen und lauter unbegreiflich schlechte Sachen darüber gesagt, nichts Gutes im Gedächtnis behalten und am Schluß zur Besänftigung das Kompliment, es sei ausgezeichnet geschrieben. (An Minna Bernays, 13. 7. 1891)

113. (P) Arthur Schnitzler: Über funktionelle Aphonie und deren Behandlung durch Hypnose und Suggestion. – Wien: Braumüller, 1889. Wie Freud war auch sein von ihm so genannter ‚Doppelgänger' Arthur Schnitzler (siehe Nr. 214) der erstgeborene Sohn einer liberalen jüdischen Familie, hatte als Kleinkind den Tod eines jüngeren Geschwisters erlebt und erhielt seine erste Erziehung durch eine katholische Amme. Freud und Schnitzler entschlossen sich zur medizinischen Laufbahn und waren beide skeptische Schüler Theodor Meynerts und Hippolyte Bernheims gewesen.

Während Freud sich mit seiner Selbstanalyse und der Traumdeutung den Durchbruch zu seinem Lebenswerk erkämpfte, wandte sich Schnitzler endgültig der Literatur zu. Sein jüngerer Bruder, der Chirurg Julius Schnitzler, war ein langjähriger Freund Sigmund Freuds und seiner Familie.

114. (P) Sigmund Freud: Klinische Studie über die halbseitige Cerebrallähmung der Kinder / zusammen mit Oscar Rie. – Wien: Moritz Perles, 1891 (Beiträge zur Kinderheilkunde, Heft 3). Mit einer Widmung an Prof. H. Obersteiner. *Aus dem Kassowitzschen Institut habe ich im Laufe der nächsten Jahre mehrere größere Arbeiten über die einseitigen und doppelseitigen Gehirnlähmungen der Kinder veröffentlicht.* („Selbstdarstellung", 1925)

115. Prof. Hippolyte M. Bernheim (1840–1919). *In der Absicht, meine hypnotische Technik zu vervollkommen, reiste ich im Sommer 1889 nach Nancy, wo ich mehrere Wochen zubrachte. Ich sah den rührenden alten Liébault bei seiner Arbeit an den armen Frauen und Kindern der Arbeiterbevölkerung,*

115

wurde Zeuge der erstaunlichen Experimente Bernheims an seinen Spitalspatienten und holte mir die stärksten Eindrücke von der Möglichkeit mächtiger seelischer Vorgänge, die doch dem Bewußtsein des Menschen verhüllt bleiben. („Selbstdarstellung", 1925)

116. H. Bernheim: Neue Studien über Hypnotismus, Suggestion und Psychotherapie / übersetzt von Sigmund Freud. – Leipzig und Wien: Deuticke, 1892. *Ich teile Bernheims Ansichten, die mir einseitig scheinen, nicht und habe in der Vorrede den Standpunkt Charcots in Schutz zu nehmen versucht. Mit welcher Geschicklichkeit, weiß ich nicht; aber ich weiß bestimmt, mit schlechtem Erfolg. Die suggestive, d. h. iatrosuggestive Theorie Bernheims hat einen Common-place-Zauber für die deutschen Ärzte, welche keinen großen Sprung zu machen brauchen, um aus der Simulationstheorie, bei der sie jetzt stehen, in die Suggestionstheorie hineinzukommen.* (An Wilhelm Fließ, 29. 8. 1888)

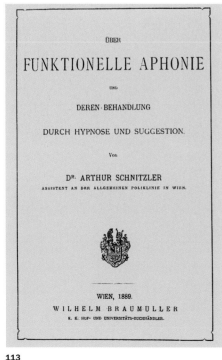

ÜBER

FUNKTIONELLE APHONIE

UND

DEREN·BEHANDLUNG

DURCH HYPNOSE UND SUGGESTION.

Von

DR· ARTHUR SCHNITZLER

ASSISTENT AN DER ALLGEMEINEN POLIKLINIK IN WIEN.

WIEN, 1889.

WILHELM BRAUMÜLLER

K. K. HOF- UND UNIVERSITÄTS-BUCHHÄNDLER.

113

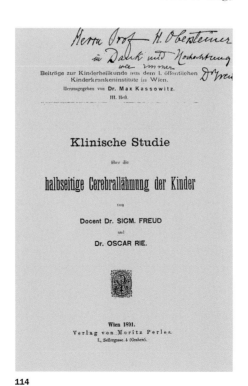

Beiträge zur Kinderheilkunde aus dem I. öffentlichen Kinderkrankeninstitute in Wien.
Herausgegeben von Dr. Max Kassowitz.
III. Heft.

Klinische Studie

über die

halbseitige Cerebrallähmung der Kinder

von

Docent Dr. SIGM. FREUD

und

Dr. OSCAR RIE.

Wien 1891.

Verlag von Moritz Perles.
I., Seilergasse 4 (Graben).

114

ARBEITSZIMMER

118. Das Haus Wien IX., Berggasse 19 (1938), in dem Sigmund Freud vom 20. September 1891 bis zum 4. Juni 1938 lebte und arbeitete. Seine Kinder Ernst (1892), Sophie (1893) und Anna (1895) wurden hier geboren. *Der Portier sagte: „Sie kennen die Berggasse? Nach dem – nun, später, wenn der Professor nicht mehr unter uns ist, wird man ihr den Namen Freudgasse geben." Ich ging die Berggasse hinunter und bog in den vertrauten Eingang ein: Wien IX., Berggasse 19.* (Hilda Doolittle, Huldigung an Freud, 1975)

119. (O) Ankündigung der Ordination im Haus Berggasse 19, September 1891.

120. Dr. Josef Breuer (1842–1925) mit seiner Frau Mathilde. Breuer, korrespondierendes Mitglied der Akademie der Wissenschaften, anerkannt als Forscher auf den Gebieten der theoretischen Experimentalphysiologie, angesehener praktischer Arzt und Internist, lernte Freud im Brückeschen Institut kennen und wurde bald sein väterlicher und hilfreicher Freund. Mit der Behandlung der „Anna O." begründete er die kathartische Methode der Psychotherapie. *Wenn man nur Gutes von ihm sagt, kann man ihn nicht genügend charakterisieren, man muß die Abwesenheit von soviel Schlechtem mit hervorheben.* (An Martha Bernays, 6. 6. 1885)

121. (P) Sigmund Freud: Ein Fall von hypnotischer Heilung nebst Bemerkungen über die Entstehung hysterischer Symptome durch den „Gegenwillen", 1892–93 (Separatdruck). *Eine junge Frau war nach ihrer ersten Entbindung durch einen hysterischen Symptomkomplex (Appetitmangel, Schlaflosigkeit, Schmerzen in den Brüsten, Versiegen der Milchsekretion, Aufregung) genötigt worden, auf das Säugen des Kindes zu verzichten. Als sich diese Hindernisse nach einer zweiten Geburt neuerdings einstellten, gelang es, dieselben durch zweimalige tiefe Hypnotisierung mit Ge-*

Freuds Arbeitszimmer, Berggasse 19, 1938. Photo: Edmund Engelman

gensuggestion aufzuheben, so daß die Wöchnerin eine ausgezeichnete Nährmutter wurde. (Inhaltsangaben der wissenschaftlichen Arbeiten)

122. (P) Sigmund Freud: Über den psychischen Mechanismus hysterischer Phänomene. Vorläufige Mitteilung / zusammen mit Dr. Josef Breuer, 1893 (Separatdruck). *Wenn man den Hysterischen in Hypnose versetzt und seine Gedanken in die Zeit zurückleitet, zu welcher das betreffende Symptom zuerst auf-*

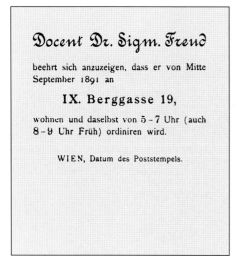

Docent Dr. Sigm. Freud

beehrt sich anzuzeigen, dass er von Mitte
September 1891 an

IX. Berggasse 19,

wohnen und daselbst von 5–7 Uhr (auch
8–9 Uhr Früh) ordiniren wird.

WIEN, Datum des Poststempels.

119

142B

trat, so erwacht in ihm die halluzinato-
risch lebhafte Erinnerung an ein psychisches Trauma – oder an eine Reihe von
solchen – aus jener Zeit, als dessen Erin-
nerungssymbol jenes Symptom fortbe-
standen hat. Die Hysterischen leiden also
größtenteils an Reminiscenzen. [...] Auf
diese von Breuer zuerst 1881 gemachte
Erfahrung kann man eine Therapie hysterischer Phänomene gründen, welche
den Namen der „kathartischen" verdient.

120

(Inhaltsangaben der wissenschaftlichen
Arbeiten)

123. Sigmund Freud und Wilhelm
Fließ in Berlin Anfang der neunziger
Jahre. Fließ (1858–1929) war Spezialist
für Hals- und Nasenkrankheiten in Berlin und Schöpfer einer biologischen
Periodenlehre. Er lernte Freud 1887
anläßlich eines Studienaufenthalts in
Wien kennen. Die Freundschaft der beiden währte bis etwa 1902. Fließ war
der wichtigste unsichtbare Partner in
Freuds Selbstanalyse. *Meine Selbstanalyse ist in der Tat das Wesentlichste, was
ich jetzt habe, und verspricht von höch-
stem Wert für mich zu werden, wenn sie
bis zu Ende geht. Mitten drin hat sie drei
Tage plötzlich versagt, und dabei hatte
ich das Gefühl der inneren Bindung, über
das die Kranken so klagen, und war eigentlich trostlos [...].* (An Wilhelm Fließ,
15. 10. 1897)

124. Sigmund Freud im Alter von 35
Jahren (1891). *Die Ordination gibt jetzt
sehr viel Anlaß zum Briefschreiben. Ich
habe vor, meine Photographie im Warte-*
*zimmer aufzuhängen, nachdem ich dar-
unter geschrieben: ‚Enfin seul'. Leider
wird es ihr dort an Bewunderern fehlen.*
(An Minna Bernays, 13. 7. 1891)

125. (O) Reichenau in Niederöster-
reich, Urlaubsort Freuds 1891–1894, Ansichtskarte um 1900. *Ich gehe Donners-
tag durch nach Reichenau. Es ist doch zu
dumm hier.* (An Minna Bernays, 13. 7.
1891)

126. (O) Maria Schutz am Semmering, wo sich Freuds Frau Martha und
Tochter Mathilde Anfang Juli 1888 auf-
hielten; Ansichtskarte um 1900.

127A-D. (O) Freuds Reisenecessaire:
2 kleine Flaschen, 1 Glasbehälter, 1
Bürste.

128. Jakob Koloman Freud (1815–
1896), der Vater Sigmund Freuds. *Das
Schreiben fällt mir jetzt so schwer, daß
ich es so lange aufgeschoben habe, Dir
für die zum Herzen dringenden Worte in
Deinem Brief zu danken. Auf irgendeinem der dunkeln Wege hinter dem offiziellen Bewußtsein hat mich der Tod des Alten sehr ergriffen. Ich hatte ihn sehr ge-*

128

124

*schätzt, sehr genau verstanden, und er
hatte viel in meinem Leben gemacht, mit
der ihm eigenen Mischung von tiefer
Weisheit und phantastisch leichtem Sinn.*
(An Wilhelm Fließ, 2. 11. 1896)
*[Die Traumdeutung] erwies sich mir als
ein Stück meiner Selbstanalyse, als meine
Reaktion auf den Tod meines Vaters, also
auf das bedeutsamste Ereignis, den ein-
schneidendsten Verlust im Leben eines
Mannes.* (Die Traumdeutung, Vorwort
zur 2. Auflage, 1908)

129. Prof. Richard Freiherr von
Krafft-Ebing (1840–1902) mit seiner
Gattin Luise. Der Verfasser der „Psycho-
pathia sexualis" wurde 1872 Professor
in Straßburg, 1873 in Graz, 1889 Leiter
der I. Psychiatrischen Klinik der N. Ö.
Landesirrenanstalt und 1892 Nachfolger Meynerts an der Psychiatrischen
Klinik im Allgemeinen Krankenhaus.
Wiewohl er zu Freuds Veröffentlichung
in zunehmend skeptischer Distanz
stand, schlug er – gemeinsam mit Nothnagel – 1897 Freuds Beförderung zum
außerordentlichen Professor vor.

130. (P) Sigmund Freud: Nachruf auf
Jean-Martin Charcot, 1893. *Es ist unaus-
bleiblich, daß der Fortschritt unserer*

134

129

131

Wissenschaft, indem er unsere Kenntnisse vermehrt, auch manches von dem entwertet, was uns Charcot gelehrt hat, aber kein Wechsel der Zeiten oder der Meinungen wird den Nachruhm des Mannes zu schmälern vermögen, um den wir jetzt – in Frankreich und anderwärts – alle trauern. (Schluß des vorliegenden Nachrufs, den Freud im August 1893 schrieb)

131. (O) Jean-Martin Charcot (1825–1893), Medaille von P. Vernon, die Freud besaß; Gipsabguß. Als Freud die Vorlesungen Charcots übersetzte, wurde er auch privat mit ihm bekannt. Er verließ, *wie alle anderen Fremden im gleichen Falle, die Klinik der Salpêtrière als rückhaltsloser Bewunderer Charcots [...].* (Bericht über meine [...] Reise nach Paris und Berlin, 1886)

Freuds ältester Sohn, Oktober 1887 geboren, erhielt die Vornamen Jean Martin nach Jean-Martin Charcot.

132. Zwei Bilder aus einem Andenkenalbum: „Ricordo di Firenze" um 1890. 1896 unternahm Freud mit seinem Bruder Alexander eine Italienreise, die sie über Bologna, Venedig und Padua nach Florenz führte, wo sie im Torre del Gallo beim Grafen Galetti wohnten. *Mein Zimmer habe ich jetzt mit Gipsen der Florentiner Statuen geschmückt. Es war eine Quelle außerordentlicher Erquickung für mich; ich gedenke reich zu werden, um diese Reisen zu wiederholen.* (An Wilhelm Fließ, 6. 12. 1896)

133. Martha Freud mit Sophie um 1895. *Das habe ich auch an Frau Freud bewundert, daß sie so, von ihrem Wesens- und Wirkenskreis aus, unbeirrbar das Ihrige erfüllt, immer bereit in Entschiedenheit und Hingabe, gleich weit entfernt von überheblicher Einmischung in des Mannes Aufgaben wie von Unsicherem oder Nebenstehendem.* (Lou Andreas-Salomé: Tagebucheintragung, 1921)

134. Schloß Bellevue 1892, wo Freud 1895 und 1900 als Gast der Familie Ritter von Schlag die Sommerfrische verbrachte. Das alte Kurhotel am Cobenzl, ein beliebter Ausflugsort und eine Zeitlang Treffpunkt des Wiener Theosophenzirkels, wurde nach dem Ersten Weltkrieg nicht mehr instand gehalten und 1961 abgerissen. Seit 1977 befindet sich an diesem Platz eine Stele mit einer Inschrift aus einem Brief Freuds, die in Nr. 142 zitiert wird.

135. (P) Sigmund Freud: Zur Ätiologie der Hysterie, 1896. Freud hielt diesen Vortrag im Verein für Psychiatrie und Neurologie. *Zur Streitsache selbst will ich nur bemerken, daß die Auszeichnung des sexuellen Moments in der Ätiologie der Hysterie bei mir mindestens keiner vorgefaßten Meinung entstammt. Die*

Sigmund Freud um 1898.

beiden Forscher, als deren Zögling ich meine Arbeiten über Hysterie begonnen habe, Charcot wie Breuer, standen einer derartigen Voraussetzung ferne, ja sie brachten ihr eine persönliche Abneigung entgegen, von der ich anfangs meinen Anteil übernahm. (Aus der Arbeit)

136. (P) Sigmund Freud: L'hérédité et l'étiologie des névroses, 1896.

138A. (O) Tischchen, um 1895, das an der dem Fenster gegenüberliegenden Wand des Zimmers stand und auf dem sich die rechte der beiden weißen, wahrscheinlich koptischen Totenmasken befand.

138B. (O) Zigarrendose aus Messing, um 1910, wahrscheinlich aus der Wiener Werkstätte.

139A. Mitte des Raumes: Gutachten über die elektrische Behandlung der Kriegsneurotiker.

139B. Mitte des Raumes: Erste Seite des Manuskripts: Das Motiv der Kästchenwahl.

140. Sigmund Freud zusammen mit Josef Breuer: Studien über Hysterie. – Leipzig und Wien: Deuticke, 1895. *Wir*

ahnen, daß es einmal möglich sein wird, die innersten Geheimnisse der menschlichen Seele zu ergründen. Die Theorie selbst ist eigentlich nichts anderes als die Psychologie, die Dichter verwenden. (Rezension von Alfred Freiherr von Berger)

141. Sigmund Freud: Die infantile Cerebrallähmung. – Wien: Hölder, 1897. *Es ist was Komisches um das Mißverhältnis zwischen der eigenen und der fremden Schätzung seiner geistigen Arbeit. Da ist dieses Buch über die Diplegien, das ich mit einem Minimum von Interesse und Anstrengung zusammengestoppelt habe, fast in übermütiger Stimmung. Es hat riesigen Erfolg gehabt.* (An Wilhelm Fließ, 21. 5. 1894)

142A. + 142B. (O) Briefauszug und Kuvert. *Das Leben auf Bellevue gestaltet sich sonst für alle sehr angenehm. [...] nach Flieder und Goldregen duften jetzt Akazien und Jasmin, die Heckenrosen blühen auf, und zwar geschieht das alles, wie ich auch sehe, plötzlich. Glaubst Du eigentlich, daß an dem Hause dereinst auf einer Marmortafel zu lesen sein wird:?*

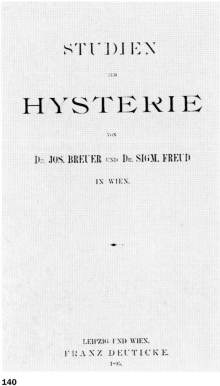

140

143

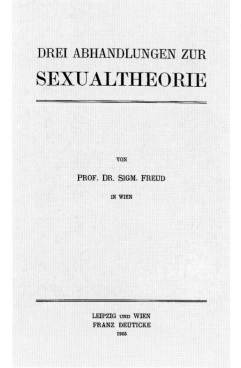

146

147

„Hier enthüllte sich am 24. Juli 1895 dem Dr. Sigm. Freud das Geheimnis des Traumes."
Die Aussichten sind bis jetzt hiefür gering. (An Wilhelm Fließ, 12. 6. 1900)
Am 6. Mai 1977 hat die Stadt Wien auf Anregung der Sigmund Freud-Gesellschaft auf dem Bellevue ein Denkmal errichten lassen, das die Inschrift der oben zitierten Briefstelle trägt. Bei der Enthüllung hielt Anna Freud die Eröffnungsrede, in der sie u. a. sagte: *Ich glaube, jeder junge Autor, gleichgültig, ob er Gedichte schreibt oder Novellen oder eine neue wissenschaftliche Tatsache zu Papier bringt, hat die Vorstellung, daß das, was er schreibt[,] von großer Bedeutung ist, daß die Nachwelt es lesen wird, daß man die Stelle ehren wird, wo er den Gedanken gefaßt oder das Wort niedergeschrieben hat. Aber viele junge Autoren sehen ihren Ehrgeiz nie verwirklicht, ihre Wünsche nie von den anderen Menschen beachtet. Was sie zu Papier gebracht haben, bleibt der Nachwelt oft unbekannt. In diesem Fall und bei dieser Gelegenheit ist der fast scherzende Zukunftstraum eines jüngeren Mannes verwirklicht worden. Allerdings nicht zu seinen Lebzeiten.* (Aus der Rede Anna Freuds)

143. (P) Sigmund Freud: Die Traumdeutung. 1. Aufl. – Leipzig und Wien: Deuticke, 1900 (mit Widmung an Frl. Helene Schiff). Motto: „Flectere si nequeo superos, acheronta movebo".
Auf den folgenden Blättern werde ich den Nachweis erbringen, daß es eine psychologische Technik gibt, welche gestattet, Träume zu deuten, und daß bei Anwendung dieses Verfahren jeder Traum sich als ein sinnvolles psychisches Gebilde herausstellt, welches an angebbarer Stelle in das seelische Treiben des Wachens einzureihen ist. (Die Traumdeutung, 1900)

144. Sigmund Freud: Zur Psychopathologie des Alltagslebens. Über Vergessen, Versprechen, Vergreifen, Aberglaube und Irrtum, 1901 (Separatdruck). Motto: „Nun ist die Luft von solchem Spuk so voll, daß niemand weiß, wie er ihn meiden soll" (Goethe, „Faust"). *In einigen Tagen wird auch die Alltagspsychologie fertig [...]. Es ist alles in einer gewissen Dumpfheit geschrieben, deren Spuren sich nicht werden verbergen lassen.* (An Wilhelm Fließ, 15. 2. 1901)

145. Sigmund Freud: Über den Traum. – Wiesbaden, 1901. (Grenzfragen des Nerven- u. Seelenlebens, Heft 8)

146. Sigmund Freud: Drei Abhandlungen zur Sexualtheorie. – Leipzig und Wien: Deuticke, 1905. *Die „Drei Abhandlungen" zeigen uns Freud, den Analytiker, zum ersten Mal in synthetischer Arbeit. Das unermeßlich reiche Erfahrungsmaterial, das sich aus der zergliederten Prüfung so vieler tausender Seelen ergab, versucht der Verfasser hier zum ersten Mal derart zusammenzufassen, zu klassifizieren, in Beziehung zu bringen, daß sich daraus die Klärung eines großen Gebietes der Seelenlehre, der Psychologie des Sexuallebens, ergibt.* (Sándor Ferenczi: Vorrede zur ungarischen Ausgabe, 3. Auflage 1915; Übersetzung)

147. Sigmund Freud: Der Witz und seine Beziehung zum Unbewußten. – Leipzig und Wien: Deuticke, 1905. *Denn die Euphorie, welche wir auf diesen Wegen zu erreichen streben, ist nichts anderes als die Stimmung einer Lebenszeit, in welcher wir unsere psychische Arbeit überhaupt mit geringem Aufwand zu bestreiten pflegten, die Stimmung unserer Kindheit, in der wir das Komische nicht kannten, des Witzes nicht fähig waren und den Humor nicht brauchten, um uns im Leben glücklich zu fühlen.* (Schluß des Buches)

149A. (O) **+ 149B.** Ansichtskarte der Gradiva-Reliefteile und Reproduktion der beschriebenen Rückseite von Emanuel Löwy an Sigmund Freud. 1906 erschien im Verlag Hugo Heller die Erstausgabe von Freuds „Der Wahn und die Träume in W. Jensens *Gradiva*".

Die einzelnen Stücke der Gradiva waren, wie der Begleittext auf der Rückseite besagt, vom deutschen Archäologen Dr. Hausner zusammengestellt worden (siehe auch Nr. 81).

151

149

151. Teilansicht des Salons der Freudschen Wohnung um 1900.

152. Vorschlag zur Beförderung Freuds zum außerordentlichen Professor (25. 6. 1897), eingebracht von den Professoren Nothnagel und Krafft-Ebing, der fünf Jahre unerledigt blieb.

153. (P) Sigmund Freud: Zum psychischen Mechanismus der Vergeßlichkeit, 1898. *Unverkennbare ärgerliche Erregung ähnlich jener der motorisch Aphasischen begleitet nun die weiteren Bemühungen den Namen zu finden, über den man nach seinem Gefühl noch vor einem Moment hätte verfügen können. (Aus der Arbeit)*

154. Die Freud-Kinder um 1900. Im Hintergrund Mathilde, links davor Sophie, rechts davor Martin, in der Mitte Anna, im Vordergrund links Oliver, rechts Ernst Freud.

Sigmund Freud mit seiner Mutter Amalia und seiner Frau Martha in Bad Aussee.

154

155. Verleihung des Titels eines außerordentlichen Professors. *Seine kaiserliche und königlich-Apostolische Majestät haben mit Allerhöchster Entschließung vom 5. März 1902 Ihnen den Titel eines außerordentlichen Universitätsprofessors allergnädigst zu verleihen geruht. Es gereicht mir zum Vergnügen, Eure Wohlgeboren von dieser Allerhöchsten Auszeichnung in Kenntnis zu setzen. Wien, am 13. März 1902. Der Minister für Cultus und Unterricht: Hartel.*

156. Audienzliste des Kaisers Franz Joseph I., für Mittwoch, 13. Oktober 1902. Freud hatte sich für die Titelverleihung zum a. o. Universitätsprofessor zu bedanken. Am selben Tag erschien auch sein Bruder Alexander Freud zur Audienz, da er Kaiserlicher Rat geworden war. *Es regnet auch jetzt schon Glückwünsche und Blumenspenden, als sei die Rolle der Sexualität plötzlich von Sr. Majestät amtlich anerkannt, die Bedeutung des Traumes vom Ministerrat bestätigt und die Notwendigkeit einer psychoanalytischen Therapie der Hysterie mit 2/3 Majorität im Parlament durchgedrungen. [...] In der ganzen Ge-*

schichte gibt es eine Person mit sehr langen Ohren, die in Deinem Brief nicht genügend gewürdigt wird, das bin: Ich. Wenn ich die paar Schritte vor drei Jahren unternommen hätte, wäre ich vor drei Jahren ernannt worden und hätte mir mancherlei erspart. (An Wilhelm Fließ, 11. 3. 1902)

157. Freud im Alter von 50 Jahren (1906). *Vom Jahre 1902 an scharte sich eine Anzahl jüngerer Ärzte um mich in der ausgesprochenen Absicht, die Psychoanalyse zu erlernen, auszuüben und zu verbreiten. [...] Man kam an bestimmten Abenden in meiner Wohnung zusammen, diskutierte nach gewissen Regeln, suchte sich in dem befremdlich neuen Forschungsgebiete zu orientieren und das Interesse anderer dafür zu gewinnen. [...] Der Kreis umfaßte übrigens nicht nur Ärzte, sondern auch andere Gebildete, welche in der Psychoanalyse etwas Bedeutsames erkannt hatten, Schriftsteller, Künstler usw. (Zur Geschichte der psychoanalytischen Bewegung, 1914)*

158. (P) Sigmund Freud: Über Deckerinnerungen, 1899 (Separatum). Erstausgabe mit Unterschrift und Datum 23. 9. 99. Siegfried Bernfeld hatte als erster erkannt, daß der beschriebene 38jährige, akademisch gebildete Mann, dessen Kindheitserinnerungen dargestellt werden, Freud selbst war. Das Stilmittel der „Verschiebung" verwendete Freud auch später wieder, etwa in: „Die Frage der Laienanalyse", die 1926 erschien.

159. (P) Sigmund Freud: Über Psychotherapie. Vortrag, gehalten in der wissenschaftlichen Versammlung des Wiener Medizinischen Doktorenkollegiums am 12. Dezember 1904. – Berlin/Wien: Urban & Schwarzenberg, 1905.

160. Zeitungsbericht zum 50. Geburtstag Freuds. („Die Zeit" vom 6. 5. 1906) *Der bekannte Wiener Neurologe Prof. Dr. Sie[!]gmund Freud feiert heute seinen fünfzigsten Geburtstag. Eine von seinen Schülern u. Verehrern geplante größere Feier wurde auf nachdrückliches Verlangen des Gelehrten in letzter Stunde*

Freud um 1906. Photo: L. Grillich

161

169

doch wesentlich für die Geschichte [...].
(An C. G. Jung, 18. 8. 1907)

162. (P) Sigmund Freud: Sammlung kleiner Schriften zur Neurosenlehre aus den Jahren 1893–1906. – Leipzig und Wien: Deuticke, 1906.

163. (O) Granat-Medaillon aus dem Familienbesitz. Es zeigt Photos der Freud-Kinder vor 1895. Anna, das jüngste Kind, war noch nicht geboren.

164. Stefan Zweig um 1908. *Sehr geehrter Herr Doktor. Ich war in den ersten Tagen der verflossenen Woche von Wien abwesend und fand heimgekehrt so viel zum Aufarbeiten vor, daß sich der Dank für Ihre liebenswürdige Zusendung so lange verzögert hat. Ich weiß aus der Lektüre der ‚Frühen Kränze‘, daß Sie ein Dichter sind, und die schönen, mächtig fließenden Verse, die mir entgegentönen, wenn ich das Buch aufschlage, versprechen mir eine Stunde hohen Genusses, die ich der aufdringlichsten Arbeit nächstens entreißen werde.* (An Stefan Zweig, 3. 5. 1908)

165. Heimatschein vom 4. März 1908, mit dem Freud und seiner Familie das Wiener Heimatrecht zuerkannt wurde.

Alfred Adler.

Es gewährte das Recht auf ungestörten Aufenthalt und auf Armenversorgung.

166. Kongreßprogramm des „I. Congress für Freud'sche Psychologie": Programm für die Zusammenkunft in Salzburg (26.–27. April 1908). *Ich freue mich sehr, daß Sie Salzburg als eine erfreuliche Begebenheit auffassen. Ich habe ja selbst kein Urteil, da ich mitten drin stehe, meine Neigung geht aber auch dahin, diese erste Zusammenkunft als eine verheißungsvolle Probe zu betrachten. Ihre Anfrage kann ich glatt beantworten: Der Kongreß soll überhaupt nicht in der Öffentlichkeit genannt werden.* (An Karl Abraham, 3. 5. 1908)

167. Salzburg: Hotel Bristol mit Blick zum Schloß Mirabell. Ansichtskarte, die Freud aus Salzburg sandte.

168. James Jackson Putnam (1846–1918), Professor für Neurologie an der Harvard University und Mitbegründer der American Psycho - Analytical

abgesagt. – Nur seine einem intimen psychologischen Zirkel angehörenden Schüler und einige seiner engeren Freunde waren gestern im „Riedhof" zu einer zwanglosen Ehrung zusammengekommen, um ihrem Meister eine vom bekannten Bildhauer Karl Maria Schwerdtner ausgeführte Plakette zu überreichen...

161. (O) Bronze-Medaille von Karl Maria Schwerdtner jun., die Freud 1906 zum 50. Geburtstag von seinen Anhängern überreicht wurde. Der Revers zeigt Ödipus mit der Sphinx und den Vers des Sophokles: „Der das berühmte Rätsel löste und ein gar mächtiger Mann war!" *Es ist gleichgültig, ob man im Augenblick von den offiziellen Repräsentanten verstanden wird. In der Masse, die noch namenlos dahinter sich verbirgt, finden sich doch Personen genug, die verstehen wollen und die dann plötzlich hervortreten, wie ich es oft erfahren habe. Man arbeitet*

164

Association. Als Freud 1909 nach Amerika reiste, war *die bedeutsamste persönliche Beziehung, die sich in Worcester noch ergab, die zu James J. Putnam, dem Lehrer der Neuropathologie an der Harvard University, der vor Jahren ein abfälliges Urteil über die Psychoanalyse ausgesprochen hatte, sich jetzt aber rasch mit ihr befreundete und sie in zahlreichen inhaltreichen wie formschönen Vorträgen seinen Landsleuten und Fachgenossen empfahl.* (Zur Geschichte der psychoanalytischen Bewegung, 1914)

169. (O) Grußkarte an Paul Federn von Freuds Reise in die Vereinigten Staaten. *21. 8. 1909. Gruß von der Einschiffung. Freud.*

170. Alfred Adler (1870–1937), Begründer der individualpsychologischen Richtung. Er nahm seit 1902 an den Sitzungen der Psychologischen Mittwoch-Gesellschaft teil und war von 1910 bis 1911 Obmann der Wiener Psychoanalytischen Vereinigung. 1911 verließ er die Wiener Psychoanalytischen Vereinigung und gründete mit Kollegen den „Verein für Freie Psychoanalytische Forschung", der in der Folge in „Verein für Individualpsychologie" umbenannt wurde.

171. Legitimation von Dr. Eduard Hitschmann für den Besuch einer Vorlesung Freuds. Im Wintersemester 1905/1906 kündigte Freud an: *Einführung in die Psychotherapie, 3stündig, zweimal wöchentl. nach Übereinkunft; allg. Krankenhaus, Hörsaal d. psychiatr. Klinik (K. 10,–).* (Aus dem Vorlesungsverzeichnis)

Hitschmann war gemeinsam mit seinen Freunden Federn und Friedjung einer der ersten Freudschüler.

179

Silberne Hochzeit von Martha und Sigmund Freud, 1911.

der in allen Bestrebungen zum Erwerben und Verbreiten von psychoanalytischen Kenntnissen. (Artikel 3)

174. (P) Sigmund Freud: Über den Selbstmord, insbesondere den Schülerselbstmord. – Wiesbaden, 1910 (Diskussionen des Wiener psychoanalytischen Vereins, Heft 1).

177. Sigmund und Martha Freud, um 1910.

178. Carl Gustav Jung (1875–1961). Jung beschäftigte sich ab 1906 mit Psychoanalyse, er und Freud statteten einander mehrfach Besuche ab. Jung gründete die Schweizer Ortsgruppe der Internationalen Psychoanalytischen Vereinigung, war ab 1910 gewählter Präsident der Internationalen Psychoanalytischen Vereinigung, trat 1914 zurück, verließ die Internationale Psychoanalytische Vereinigung im selben Jahr und gründete eine eigene Schule. Die Jungsche Richtung definierte sich in der Folge als „Analytische Psychologie". [...] *für Jung sprachen aber seine hervorragende Begabung, die Beiträge zur Analyse, die er bereits geleistet hatte, seine unabhängige Stellung und der Eindruck von sicherer Energie, den sein Wesen machte. Er schien überdies bereit, in*

172. Statuten der Wiener Psychoanalytischen Vereinigung. Die Psychologische Mittwoch-Gesellschaft wurde am Kongreß in Salzburg 1908 in „Wiener Psychoanalytische Vereinigung" umbenannt; im Anschluß an den zweiten internationalen psychoanalytischen Kongreß in Nürnberg (März 1910), an dem die Internationale Psychoanalytische Vereinigung gegründet wurde, erfolgte eine offizielle Neugründung der Wiener Psychoanalytischen Vereinigung (April 1910).

Auf dem Kongreß selbst [1910] *konstituierten sich drei Ortsgruppen, die in Berlin unter dem Vorsitz von Abraham, die in Zürich, die ihren Obmann* [C. G. Jung] *an die Zentralleitung der Vereinigung abgegeben hatte, und die Wiener Gruppe, deren Leitung ich* [Alfred] *Adler überließ.* (Zur Geschichte der psychoanalytischen Bewegung, 1914)

173. Statuten der Internationalen Psychoanalytischen Vereinigung, beschlossen auf dem Kongreß zu Nürnberg am 31. März 1910. *Zweck der I. Ps. A. V. Pflege und Förderung der von Freud begründeten psychoanalytischen Wissenschaft sowohl als reine Psychologie, als auch in ihrer Anwendung in der Medizin und den Geisteswissenschaften; gegenseitige Unterstützung der Mitglie-*

178

Max Halberstadt.

freundschaftliche Beziehungen zu mir zu treten und mir zuliebe Rassenvorurteile aufzugeben, die er sich bis dahin gestattet hatte. (Zur Geschichte der psychoanalytischen Bewegung, 1914)

179. Sigmund Freud mit 53 Jahren (1909). *Wenn ich nächstens nach Zürich komme, dann wollen wir miteinander einen Ausflug auf die Ufenau machen und das Büchlein von C. F. Meyer mitnehmen. Sie lesen mir dann die Verse vor: „Mich reut, ich streu mir Aschen auf das Haupt, / Daß nicht ich fester noch an Sieg geglaubt! [...] / Mich reut, ich beicht' es mit zerknirschtem Sinn, / Daß ich nicht Hutten stets gewesen bin!"* (An Oskar Pfister, 14. 12. 1911)

180. Freud mit seiner Tochter Sophie (1893–1920) um 1912. *Meine kleine Sophie, die wir für einige Wochen nach Hamburg beurlaubt hatten, kam also vor zwei Tagen heiter, strahlend und entschlossen zurück und machte uns die überraschende Mitteilung, sie habe sich dort mit Ihnen verlobt. Wir verstanden, daß wir somit als überflüssig – in gewissem Sinne – erklärt seien und nichts anderes zu tun haben, als die Formalität unseres Segens zu erteilen.* (An Max Halberstadt, 7. 7. 1912)

181. Max Halberstadt (1882–1940), Photograph in Hamburg; er heiratete 1913 Freuds Tochter Sophie. *Ich habe freilich von Ihnen nur einen flüchtigen, wiewohl höchst sympathischen Eindruck bei einem Besuch in Ihrem Atelier davongetragen [...]. Alle Wahrscheinlichkeit spricht dafür, wird mir gesagt, daß unsere kaum dem Backfischalter entwachsene Tocher in ein warmes Nest an die Seite eines ernsthaften, liebevollen, klaren und klugen Mannes gerät.* (An Max Halberstadt, 7. 7. 1912)

182A. + 182B. (P) Sigmund Freud: Über Psychoanalyse. Fünf Vorlesungen, gehalten zur 20jährigen Gründungsfeier der Clark University in Worcester, Mass., September 1909. – Deuticke: Leipzig und Wien, 1910. Daneben die Reproduktion der Titelseite der englischen Ausgabe: The Origin and Development of Psychoanalysis; five lectures

180

185

TOTEM UND TABU

Einige Übereinstimmungen im
Seelenleben der Wilden und der Neurotiker

Von

Prof. Dr. Sigm. Freud

1913
HUGO HELLER & CIE.
LEIPZIG UND WIEN, I. BAUERNMARKT 3

192

tiker vor, wenn er seine Schlüsse aus
Erinnerungsbrocken, Assoziationen und
aktiven Äußerungen des Analysierten
zieht. (Konstruktionen in der Analyse,
1937)

185. Reproduktion einer Ansichtskarte aus Freuds Besitz: „Roma – Il Mosè
di Michelangelo".

186. (O) Michelangelo: Moses, San
Pietro in Vincoli, Rom, Originalphotographie aus Freuds Besitz. *Durch drei
einsame September-Wochen bin ich 1913
alltäglich in der Kirche vor der Statue ge-
standen, habe sie studiert, gemessen, ge-
zeichnet, bis mir jenes Verständnis auf-
ging, das ich in dem Aufsatz doch nur
anonym auszudrücken wagte. Erst viel
später [1924] habe ich dies nicht analytische Kind legitimiert.* (An Edoardo
Weiss, 12. 4. 1933)

187. (P) Sigmund Freud: Der Moses
des Michelangelo. – In: Imago, Bd. 3,
1914. Die Arbeit erschien ohne Nen-
nung Freuds als Verfasser. *Auf den ‚Moses' bin ich nun sehr gespannt. Aber xxx[1]
ist mir nicht ganz verständlich. Glauben
Sie nicht, daß man die Klaue des Löwen
doch erkennen wird?* (Karl Abraham an
Freud, 2. 4. 1914)

189. Lou Andreas-Salomé (1861–
1937). Ein gleichartiges Photo hing in

„Die hl. Anna Selbdritt" von Leonardo da Vinci, Louvre Paris.

delivered, Sept. 1909, Clark University,
Worcester, Mass. Die deutschsprachige
Ausgabe erschien ein Jahr nach der
englischsprachigen.

183. (P) Sigmund Freud: Eine Kind-
heitserinnerung des Leonardo da Vinci.
– Leipzig und Wien: Deuticke, 1910.

184. (P) Sigmund Freud: Der Wahn
und die Träume in W. Jensens „Gradiva". Zweite Auflage der Ausgabe bei
Franz Deuticke. – Leipzig und Wien,
1912. C. G. Jung machte Freud in einem
Brief 1906 auf die 1903 erschienene Novelle „Gradiva" des dänischen Schrift-
stellers W. Jensen aufmerksam. Freud
arbeitete seit 1906 an der Studie, die
1907 veröffentlicht wurde. Einer der
Hauptschauplätze in der Novelle von
Jensen ist Pompeji. Freud fühlte sich
von Pompeji seit langem angezogen und
besuchte die Ausgrabungen das erste
Mal 1902. *Aber wie der Archäologe aus
stehengebliebenen Mauerresten die Wan-
dungen des Gebäudes aufbaut, aus Ver-
tiefungen im Boden die Anzahl und Stellung von Säulen bestimmt, aus den im
Schutt gefundenen Resten die einstigen
Wandverzierungen und Wandgemälde
wiederherstellt, genau so geht der Analy-*

Freuds Arbeitszimmer. *Die letzten 25 Le-
bensjahre dieser außerordentlichen Frau
gehörten der Psychoanalyse an, zu der
sie wertvolle wissenschaftliche Arbeiten
beitrug und die sie auch praktisch aus-
übte. Ich sage nicht zu viel, wenn ich be-
kenne, daß wir es alle als eine Ehre emp-
fanden, als sie in die Reihen unserer Mitarbeiter und Mitkämpfer eintrat, und
gleichzeitig als eine neue Gewähr für den
Wahrheitsgehalt der analytischen Lehren. [...] 1912 kam sie nach Wien zurück,
um sich in die Psychoanalyse einführen
zu lassen.* (Nachruf auf Lou Andreas-Salomé, 1937)

190. Anna Freud um 1912. *Wir werden dann abwechselnd lesen, schreiben
und in die Wälder laufen; wenn uns der
liebe Gott den Sommer nicht ganz verreg-
net, kann es sehr schön werden.* (An
Anna Freud, 7. 7. 1908)

191. Der Konstantinhügel, beliebtes
Ausflugsrestaurant im Wiener Prater
um die Jahrhundertwende. *Um die Gele-*

---

[1] xxx bezieht sich auf Freuds Absicht, die Arbeit
unter einem Pseudonym zu veröffentlichen. Das Geheimnis der Urheberschaft ist erst 1924 gelüftet
worden.

genheit zu feiern [Veröffentlichung von „Totem und Tabu"], gaben wir Freud am 13. Juni 1913 auf dem Konstantinhügel im Prater ein Ehrendiner, das wir als Totemfest bezeichneten. Loe Kann schenkte ihm eine ägyptische Figur, die er als sein Totem annahm. (Ernest Jones, 1962)

192. (P) Sigmund Freud: Totem und Tabu. – Leipzig und Wien: Heller, 1913. *Ihr Urteil über die Totemarbeit war mir besonders wichtig, da ich nach deren Beendigung eine Periode des Zweifels an ihrem Werte hatte. Ferenczi, Jones, Sachs, Rank haben sich aber ähnlich wie Sie geäußert, sodaß ich allmählich meine Zuversicht wiedergewann. […] Ich bin auf böse Angriffe gefaßt, die mich natürlich weiter nicht beirren werden.* (An Karl Abraham, 1. 7. 1913)

193. (P) Sigmund Freud: Zur Einführung des Narzißmus, 1914 (Separatdruck). *Der heikelste Punkt des narzißti-*

Sigmund und Anna Freud, 1913.

schen Systems, die von der Realität hart bedrängte Unsterblichkeit des Ichs, hat ihre Sicherung in der Zuflucht zum Kinde gewonnen. Die rührende, im Grunde so kindliche Elternliebe ist nichts anderes als der wiedergeborene Narzißmus der Eltern, der in seiner Umwandlung zur Objektliebe sein einstiges Wesen unverkennbar offenbart. (Aus der Arbeit, Schluß des zweiten Kapitels)

194. Allgemeine Mobilmachung, Plakat vom 31. Juli 1914. *Ich fühle mich aber vielleicht zum ersten Mal seit 30 Jahren als Österreicher und möchte es noch einmal mit diesem wenig hoffnungsvollen Reich versuchen. Die Stimmung ist überall eine ausgezeichnete. Das Befreiende der mutigen Tat, der sichere Rückhalt an Deutschland tut auch viel dazu.* (An Karl Abraham, 26. 7. 1914)

195A. Freud mit seinen beiden Söhnen, den Artillerieleutnants Ernst und

195A

Martin Freud, während eines Fronturlaubs 1916. *Wir haben hier schöne Familientage gehabt. Mein Bruder und meine Tochter waren kurz hier [...], dazu aber beide Söhne aus dem Feld, stolz als Lieutenants. Ernst ist noch immer mit uns, frisch wie immer. Martin fanden wir diesmal ermüdet. Er hatte viel durchgemacht bei der russischen Offensive.* (An Karl Abraham, 10. 8. 1916)

195B. „Vater, ich rufe Dich!" – Plakette auf den Ersten Weltkrieg von Karl Perl, 1915: Infanterist in Marschausrüstung kniend zum Gebet. *Lass mich wissen, wieviel Geld Du für den Monat Januar haben willst. Vergiss nicht 1) dass ich Dir nachher kaum etwas schicken kann, bei der bekannten Unverlässlichkeit der Feldpost, 2) dass du draussen in Polen oder Serbien auch keine Gelegenheit haben wirst, etwas auszugeben. Also zwei gegen einander wirkende Momente, zwischen denen Du den Ausgleich finden musst.* (An Martin Freud, 20. 12. 1914)

196. (P) Sigmund Freud: Vorlesungen zur Einführung in die Psychoanalyse. –

Leipzig und Wien: Heller, 1916–1917. Freud beschloß, seine akademische Lehrtätigkeit mit diesen Vorlesungen zu beenden. Sie wurden in den Wintersemestern 1915/16, 1916/17, 1917/18 und 1918/19 an der Wiener Universität für Hörer aller Fakultäten gehalten.

197. Ausrufung der Republik vor dem Wiener Parlament am 12. November 1918. *Es sind schrecklich gespannte Zeiten. Es ist gut, daß die alte stirbt, aber die neue ist noch nicht da. [...] dem Schicksal von Österreich und Deutschland werde ich nicht eine Träne nachweinen.* (An Sándor Ferenczi, 25. 10. 1918)

198. Mitteilung des deutsch-österreichischen Unterrichtsamtes an Sigmund Freud über die Verleihung des Titels eines ordentlichen Titular-Professors (7. 1. 1920). Zur Begründung wurden im Ernennungsakt nicht die psychoanalytischen Schriften Freuds angeführt, sondern nur *sein im Verein mit Breuer herausgegebenes Werk über Hy-*

sterie [...], worin er die Gesamtheit aller funktionellen Störungen des Nervensystems und der Psyche zu erklären bestrebt war.

Zu meiner ‚Ernennung' am 31. Dezember haben mir die ausgefallensten Leute gratuliert. Die Republik hat an der Titelsucht und dem Titelrespekt zur Zeit der Monarchie nichts geändert. (An Karl Abraham, 6. 1. 1920)

200A. + 200B. (O) Zwei Beispiele von schriftlichen Mitteilungen, mit denen Freud Patienten an Mitarbeiter und Kollegen überwies. Der Empfänger dieser beiden Briefe war Paul Federn, einer der ältesten Schüler Freuds und von 1925 bis 1938 dessen Stellvertreter in der Wiener Psychoanalytischen Vereinigung.

201. Freud mit Ernst und Heinele (links), den Söhnen von Max und Sophie Halberstadt, um 1920. Sophie starb 1920 in Hamburg an der Spanischen Grippe; die beiden Halbwaisen übersiedelten in der Folge nach Wien, wo Heinele nach 1923 an Miliartuberkulose starb. *Diesen Verlust vertrage ich so schlecht, ich glaube, ich habe nie etwas Schwereres erlebt [...]. Ich mache meine Arbeit notgedrungen, im Grund ist mir alles entwertet.* (An Kata und Lajos Levy, 11. 6. 1923)

Mitteilung.

Mit Allerhöchstem Befehl ist die Allgemeine Mobilisierung sowie die Aufbietung und Einberufung des Landsturmes angeordnet worden.

Das Nähere ist aus den Mobilisierungskundmachungen zu entnehmen.

Amtsstempel: Unterschrift:

194

Der Enkel Ernst lebte bis 1938 zeitweise mit der Familie Freud in Wien, er wurde später Psychoanalytiker.

202. Sigmund und Anna Freud 1920 beim 6. Internationalen Psychoanalytischen Kongreß in Den Haag. *Es ist wahr, die Sache geht überall vorwärts, aber mein Vergnügen daran scheinen Sie zu überschätzen. Was man von persönlicher Befriedigung aus der Analyse schöpfen kann, habe ich schon zur Zeit, da ich allein war, genossen, und seit der Anschluß Anderer gekommen ist, mich mehr geärgert als gefreut. Die Art wie die Menschen es annehmen und verarbeiten, hat mir keine andere Meinung von ihnen beigebracht als ihr früheres Benehmen, da sie es verständnislos ablehnten. Es muß doch in jener Zeit ein unheilbarer Riß zwischen mir und den Anderen entstanden sein. (An Oskar Pfister, 25. 12. 1920)*

203A. Brief an Paul Adler vom 7. 11. 1920. Dieser Brief ist in mehrfacher Hinsicht charakteristisch für Freuds Korrespondenz: für ihre Genauigkeit und Sachlichkeit, ihr literarisches Niveau (siehe das Zitat aus Othello im ersten Absatz) ebenso wie für die Liebe zum Detail. *[...] Ihre Unterhaltungen mit Ihrer träumenden Frau haben mich sehr*

201

interessirt, insbesondere der zweite Fall, in dem sich Selbstvorwurf und Abwehr durch den Vorwurf („Retourkutsche") reizend kombiniren. Sie haben gewiß nicht verkannt, daß auch dieses Element am Traum Anteil hat, wie im Abendgesang der Desdemona: *If I court more women you will couch with more men. [...] Von dieser Spontaneität abgesehen unterscheidet sich der Fall nicht von den Situationen der Behandlung in tiefer Hypnose, die ja ursprünglich Bedingung des „kathartischen" Heilverfahrens waren. Träume sind in diesen Zuständen allerdings selten eingegeben (?) worden, weil man nämlich dieses Umwegs zur Erkenntnis des Unbewußten nicht bedurfte. Die bekannte Szene im „Käthchen von Heilbronn" wäre [ü]brigens das aktive Gegenstück zu den von Ihnen erlebten.*

203B. (O) Kuvert des obigen Briefes, der Freud durch die Post mit dem Vermerk „unbekannt" (Rückseite) retourniert wurde.

Dr. **SIGMUND FREUD**
Universitäts-Professor für Nervenkrankheiten
IX/₁, Berggasse Nr. 19.
Telephon 14362.
Ord. 3—5.
Rp.

Dr. Paul Federn
I Wollzeile 28 3-4ʰ
O. Aufklärung, +A orisnf
4 Wochen.

200A

Ernest Jones und Sigmund Freud.

203C–H. Persönliche Accessoires:
203C. (O) Füllfeder
203D. (O) Zwicker
203E. (O) Zwickeretui
203F. (O) Brille
203G. (O) Brillenetui

203H. (A) Brieföffner, Jade, chinesisch, 19. Jh.
Ich war die ganze Zeit über betrübt und betäubte mich durch Schreiben – Schreiben – Schreiben. (An Sándor Ferenczi, 2. 1. 1912)
204. (P) Sigmund Freud: Jenseits des Lustprinzips. – Leipzig, Wien und Zürich: Internat. Psychoanalyt. Verlag, 1920. *Die Spekulation läßt dann diesen Eros vom Anfang des Lebens an wirken und als „Lebenstrieb" in Gegensatz zum „Todestrieb" treten, der durch die Belebung des Anorganischen entstanden ist.* (Aus der Arbeit)
Ich habe mir jetzt als Altenteil das Thema des Todes ausgewählt, bin über eine merkwürdige Idee von den Trieben aus gestolpert und muß jetzt allerlei lesen, was dazu gehört, z. B. zum ersten Mal Schopenhauer. Ich lese aber nicht gerne. (An Lou Andreas-Salomé, 1. 8. 1919)
205. Sigmund Freud im Alter von 74 Jahren (1920), Photo von Max Halberstadt. *Ich werde alt, unleugbar bequem und träge, auch verwöhnt und verdorben durch die vielen Geschenke an Le-*

206

bensmitteln, Zigarren und Geld [...], die ich annehmen muß, weil ich sonst nicht leben könnte. Vorläufig plage ich mich aber noch mehr, als mir gut tut. (An Karl Abraham, 21. 6. 1920)
206. Professor Julius Wagner Ritter von Jauregg (1857–1940), 1893–1928 Leiter der Psychiatrischen Universitätsklinik. 1927 erhielt er für die Entdeckung der Malariatherapie für die progressive Paralyse den Nobelpreis für Medizin. Obwohl er der Psychoanalyse fernstand, gestattete er seinen Assistenten (wie z. B.: Otto Pötzl, Paul Schilder, Heinz Hartmann, Helene Deutsch), sich als Analytiker zu betätigen. *Ich hatte Freud schon als Mediziner kennengelernt; wir hatten dann gleichzeitig im Laboratorium Strickers gearbeitet [...]. Ich hatte mich mit ihm, der sonst wenig umgänglich war, gut vertragen; wir sind auch auf Dufuß zueinander gekommen und bis zum Schluß geblieben. [...] Ich selbst habe gegen Freud nie polemisiert [...] höchstens hie und da in vertrautem Kreise, nie aber öffentlich, über irgendwelche seiner Sentenzen harmlose, scherzhafte Bemerkungen gemacht.* (Wagner-Jauregg: Lebenserinnerungen, 1950)

202

211

207. (P) Sigmund Freud: Massenpsychologie und Ich-Analyse. – Leipzig, Wien und Zürich: Internat. Psychoanalyt. Verlag, 1921. *Wir werden es also mit der Voraussetzung versuchen, daß Liebesbeziehungen (indifferent ausgedrückt: Gefühlsbindungen) auch das Wesen der Massenseele ausmachen. (Aus der Arbeit)*

208. Ernest Jones (1879–1958). *Ich bin sehr stolz auf den Kongreß* [6. Internationaler Psychoanalytischer Kongreß in Den Haag] *und, wie ich in meiner improvisierten Ansprache sagte, sehr erleichtert durch die Überzeugung, daß Männer wie Sie, Ferenczi, Abraham, Rank etc. fähig und bereit sind, mein Werk fortzusetzen. Den Rest meiner Zeit*

und meiner Kräfte werde ich der Pflicht widmen müssen, für meine Familie zu sorgen, das heißt, Geld zu verdienen, aber wenn das wissenschaftliche Interesse, das derzeit bei mir schläft, mit der Zeit wieder geweckt wird, könnte ich noch imstande sein, einen neuen Beitrag zu unserer unvollendeten Arbeit zu leisten. (An Ernest Jones, 4. 10. 1920)

209. Georg Groddeck (1866–1934). Der deutsche Arzt kam mit seinen Arbeiten zur Psychosomatik in die Nähe der Theorien Freuds, mit dem er von 1917 bis zu seinem Tod 1934 einen wissenschaftlich anregenden Briefwechsel führte. Freud schätzte besonders Groddecks Hauptwerk „Das Buch vom Es" (1923), das von nicht unwesentlichem

Einfluß auf ihn war, wenngleich der Groddecksche Begriff des ,Es' nicht mit dem Freuds gleichzusetzen ist. *Vorerst meine Gratulation zum endlichen Erscheinen vom ,Es'. Mir ist das Büchlein sehr lieb. Ich halte es für verdienstvoll, den Leuten immer wieder das Fundamentale der Analyse, von dem sie so gern abrücken vor die Nase zu halten. Außerdem vertritt das Werk ja den theoretisch bedeutsamen Gesichtspunkt, den ich in meinem bevorstehenden „Ich und Es" aufgegriffen habe. (An Georg Groddeck, 25. 3. 1923)*

210. (P) Sigmund Freud: Das Ich und das Es. – Wien: Internat. Psychoanalyt. Verlag, 1923. In diesem Werk entwickelt Freud die Theorie von der Strukturierung des Psychischen in Ich, Es und Über-Ich. *Nachstehende Erörterungen setzen Gedankengänge fort, die in meiner Schrift „Jenseits des Lustprinzips" 1920 begonnen wurden [...], verknüpfen sie mit verschiedenen Tatsachen der analytischen Beobachtung, suchen aus dieser Vereinigung neue Schlüsse abzuleiten, machen aber keine neuen Anleihen bei der Biologie und stehen darum der Psychoanalyse näher als das „Jenseits". Sie tragen eher den Charakter einer Synthese als einer Spekulation und scheinen sich ein hohes Ziel gesetzt zu haben. Ich weiß aber, daß sie beim Gröbsten Halt machen, und bin mit dieser Beschränkung recht einverstanden. (Aus der Arbeit)*

211. Das „Comité", Gruppenaufnahme, 1922. Als „Comité" wurde jene aus sechs Mitgliedern bestehende geheime Gruppe um Sigmund Freud bezeichnet, die sich nach dem Abfall von Adler, Stekel und Jung als engerer Kreis der psychoanalytischen Bewegung um Freud bildete. *Später gab er [Freud, sitzend links] einigen seiner Schüler ähnliche Steine als Zeichen besonderer Freundschaft und Achtung. Es war da-*

Arthur Schnitzler.

mals eine begrenzte Gruppe von Intimen, der diese Auszeichnung zuteil wurde; sie bestand aus Abraham (im Bild stehend, zweiter von links), Eitingon (stehend, zweiter von rechts), Ferenczi (sitzend, zweiter von rechts), Jones (stehend, erster von rechts), Rank (stehend, erster von links) und mir (Hanns Sachs, sitzend, erster von rechts). Unsere Hingebung an die Psychoanalyse, die unser aller stärkstes Interesse war, der häufige Austausch von Ansichten und Ideen, die Zusammenarbeit zum Ausbau und zur Organisierung der psychoanalytischen Bewegung hatten schon viel dazu beigetragen, uns einander nahe zu bringen. Das Geschenk der Ringe hatte eine gewisse symbolische Bedeutung; es erinnerte uns daran, daß unsere wechselseitigen Beziehungen einen gemeinsamen Mittelpunkt hatten. (Hanns Sachs: Freud, Meister und Freund, 1950)

212. (P) Sigmund Freud: Eine Teufelsneurose im 17. Jahrhundert. – Leipzig, Wien und Zürich: Internat. Psychoanalyt. Verlag, 1923. Die Krankengeschichte des Malers Christoph Haitzmann erschien 1928 als einziges Buch Freuds in einer bibliophilen Ausgabe

mit Widmung des Verlags für den Deutschen Bibliophilentag in Wien.

213. (O) Ankündigung des Internationalen Psychoanalytischen Verlags der Gesammelten Schriften, die von 1924 bis 1934 erschienen. *Elf Bände, die die Welt erschütterten. [...] Er [Freud] hat eine Tür aufgemacht, die bis dahin verschlossen war. Es gibt Partien in diesen elf Bänden [...], die muten an wie ein Kriminalroman. Wie da die Theorien langsam keimen und aus den platzenden Hüllen kriechen, wie sie sich scheu ans Licht wagen, ins Helle sehen und plötzlich sehr bestimmt und fest auftreten: nun sind sie da und leben und wirken. [...] überall ist ein klarer, methodisch ordnender Geist am Werk.* (Kurt Tucholsky, Besprechung in der „Weltbühne")

[Freuds] Werk [überzeugt] auch außerhalb der Gilde durch ganz hohe menschliche sowohl wie literarische Qualitäten [...]. (Hermann Hesse, Besprechung in der „Neuen Rundschau")

Bei der zwangsweisen Liquidierung des Verlags unter den Nationalsozialisten im März 1938 wurden mit den anderen Verlagsbeständen auch mehrere tausend Ex-

B'NAI B'RITH MITTEILUNGEN FÜR ÖSTERREICH
REDIGIERT VON DR. ARNOLD ASCHER, WIEN, II., LAUTERGERGASSE 8
Eigentum und Verlag des Verbandes der israelitischen Humanitätsvereine „B'nai B'rith" für Österreich in Wien, IX., Universitätsstraße 4

| Heft 5 | Mai 1926 | Jahrgang XXVI |

Festsitzung der »Wien« anläßlich des 70. Geburtstages Br. Univ. Prof. Doktor Sigmund Freud

Die überaus große Verehrung und Liebe, deren sich Br. Sigmund Freud seitens der Wiener B'nai B'rith erfreut, fand auch in der Beteiligung an der Feier Ausdruck, welche die „Wien", der er seit 29. September 1897 angehört, am 8. Mai 1926 im großen Saale des Industriehauses, III., Schwarzenbergplatz, zu seinen Ehren veranstaltete. Die zur Festsitzung geladenen Brüder und Schwestern waren in solch stattlicher Zahl erschienen, daß noch vor Beginn der Festsitzung der Festsaal und die Galerie voll gefüllt waren und zahlreiche Gäste schwer Einlaß fanden.

Mit großem Bedauern erfuhren die Anwesenden, daß der Jubilar selbst sich außerstande erklärt hatte, an der Veranstaltung teilzunehmen. Nachdem die Mitglieder des Generalkomitees, die Expräsidenten und Beamten der „Wien" am Präsidialtische, vor dem eine ausgezeichnete, treffend ähnliche Bronzebüste des Bildhauers Prof. Paul Königsberger aufgestellt war, Platz genommen, leitete Prof. Herz den Abend mit einem stimmungsvollen Präludium ein.

Der Präsident der Loge „Wien" Br. Dr. Felix Kohn eröffnete die Sitzung mit folgenden Worten:

„Von unserem Bruder Sigmund Freud, dessen siebzigster Geburtstag uns heute hier vereint, ist eine Bewegung des Geistes ausgegangen, die mächtig an die Pforten der Zukunft pocht. Wohin diese Bewegung führen wird, wie weit ihre letzten Wirkungen reichen werden, das sind Fragen, deren Beantwortung die Geschichte der Menschheit übernimmt. Wir aber, die Generation, die mit Sigmund Freud lebt, und vor allem die

218

Fritz Wittels.

224

emplare der „Gesammelten Schriften"
eingestampft. (Anna Freud: Vorwort zu
Freuds Gesammelten Werken, 1951)

214. Arthur Schnitzler (1862–1931),
Bild aus dem Besitz Sigmund Freuds.
[...] ich habe Sie gemieden aus einer Art
von Doppelgängerscheu. [...] ich habe
immer wieder, wenn ich mich in Ihre
schönen Schöpfungen vertiefe, hinter deren poetischem Schein die nämlichen
Voraussetzungen, Interessen und Ergebnisse zu finden geglaubt, die mir als die
eigenen bekannt waren. [...] So habe ich
den Eindruck gewonnen, daß Sie durch
Intuition – eigentlich aber infolge feiner
Selbstwahrnehmung – alles das wissen,
was ich in mühseliger Arbeit an anderen
Menschen aufgedeckt habe. (An Arthur
Schnitzler, 14. 5. 1922)

215. Brief an Arthur Schnitzler vom
8. Juni 1922. Auf den oben zitierten Brief
vom 14. Mai, in dem Freud auch über
seine Scheu vor einer Begegnung mit
Schnitzler spricht, reagierte der Dichter
mit einer brieflichen Einladung, die
Freud im vorliegenden Schreiben be-
antwortete: Sie stellen mir in Ihrem lie-
benswürdigen Schreiben eine Zusammenkunft oder einen Besuch in Aussicht,
so daß wir einmal miteinander plaudern
können so lange es noch Zeit ist, wie Sie
andeuten. Ich freue mich darauf, ohne
mir ein Programm für diese Stunden zu
machen. Darf ich Ihnen nun vorschlagen
einfach an einem Abend der nächsten Woche ein Abendessen mit uns zu teilen? Wir
sind: meine Frau, und die Ihnen bereits

bekannte Tocher außer meiner Person.
Es wird kein anderer mit dabei sein.

216. Freud in den Bergen bei Berch-
tesgaden 1924. So kann ich Ihnen aber
mitteilen, daß ich wieder sprechen,
kauen und arbeiten kann, ja selbst Rauchen ist gestattet – in einer gewissen,
mäßigen, vorsichtigen, sozusagen klein-
bürgerlichen Weise. Der Hausarzt hat
selbst die Zigarrenspitze zum Geburtstag
beigesteuert. (An Lou Andreas-Salomé,
10. 5. 1923)
Auf die erste radikale Krebsoperation
am Gaumen 1923 folgten im Laufe von
16 Jahren rund dreißig weitere Eingriffe
im Bereich der Mundhöhle.

217. (P) Fritz Wittels: Sigmund Freud.
Der Mann – die Lehre – die Schule. –
Leipzig, Wien und Zürich: Tal, 1924. Ich
hätte natürlich ein solches Buch nie ge-
wünscht und gefordert. Es scheint mir,
daß die Öffentlichkeit kein Anrecht an
meine Person hat und auch nicht an mir
lernen kann, so lange mein Fall – aus
mannigfachen Gründen – nicht voll
durchsichtig gemacht werden kann. Sie
denken anders darüber und haben so
dies Buch schreiben können. (An Fritz
Wittels, 18. 12. 1923)

218. (P) B'nai B'rith Mitteilungen für
Österreich, Mai 1926. Festsitzung der
Loge „Wien" anläßlich des 70. Geburtstages von Univ.-Prof. Dr. Sigmund
Freud. Freud trat dem jüdischen Huma-
nitätsverein 1897 bei und hielt in diesem und den folgenden Jahren immer
wieder Vorträge über die Traumdeutung und Themen der angewandten
Psychoanalyse. Er betätigte sich in mehreren Komitees und gehörte dem Bund
bis zu seiner Auflösung 1938 an. Die
vorliegende Festnummer enthält einen
Brief Freuds. Was mich ans Judentum
band, war – ich bin schuldig, es zu bekennen – nicht der Glaube, auch nicht der
nationale Stolz, denn ich war immer ein
Ungläubiger [...] Aber es blieb genug anderes übrig, was die Anziehung des Judentums und der Juden so unwidersteh-
lich machte, viele dunkle Gefühlsmächte,
umso gewaltiger, je weniger sie sich in
Worten erfassen ließen, ebenso wie die
klare Bewußtheit der inneren Identität,
die Heimlichkeit der gleichen seelischen
Konstruktion. [...] zu einer Zeit, da in Europa niemand auf mich hörte und ich
auch noch in Wien keine Schüler hatte,
schenkten Sie mir eine wohlwollende Auf-

216

73

merksamkeit. Sie waren mein erstes Auditorium. (An die Loge „Wien", 6. 5. 1926)

219. Marie Bonaparte, Prinzessin Georg von Griechenland (1882–1962). Ihr Bild hing an der Längsseite in Freuds Arbeitszimmer. Die Schülerin Freuds, die eng mit der Familie befreundet war, gehörte zu den Begründern der Psychoanalyse in Frankreich. 1938 leistete sie entscheidende Hilfe bei der Emigration der Familie Freud nach London.

222. Yvette Guilbert (1866–1943). Ihr Photo hing neben dem Marie Bonapartes im Arbeitszimmer. Freud war mit der bewunderten Pariser Diseuse befreundet; ihre Nichte Eva M. Rosenfeld wurde seine Schülerin.

223. Brief an Yvette Guilbert (4. 10. 1926). *[...] ich bin derzeit so müde kaum im Stande, die wenige Berufsarbeit fortzuführen, an der ich noch festhalte, daß ich auf Ihre Nachsicht rechnen darf. Möge Ihnen die „ewige" Jugend erhalten bleiben, von der mir nichts übrig ist.*

224. Die Villa Schüler, Semmering, die Freud 1924–1927 jeweils für mehrere Wochen im Sommer für sich und seine Familie mietete. *Ich habe meine Abhängigkeit vom Atelier meines Arztes*

229

doch zu deutlich erkannt, um mich so weit von ihm zu entfernen, und habe Villa Schüler nächst dem Südbahnhotel Semmering gemietet, von wo aus ich an einem Tag bequem in Wien und zurück sein kann. (An Karl Abraham, 4. 7. 1924)

225. Freuds Mutter und seine Schwestern bei der Feier des 90. Geburtstages von Amalia Freud in Bad Ischl am 18. August 1925. Amalia Freud war häufig auf Sommerfrische dort. Freuds Schwestern Paula Winternitz, Adolfine und Marie Freud (stehend) sowie Rosa Graf (vorne links) konnten nach der Machtübernahme durch die Nationalsozialisten Wien nicht mehr verlassen und wurden 1942 bzw. 1943 in Konzentrationslagern umgebracht; Anna Freud-Bernays war in New York verheiratet.

226A. (P) Sigmund Freud: „Selbstdarstellung", 1925. *So kann ich denn, rückschauend auf das Stückwerk meiner Lebensarbeit, sagen, daß ich vielerlei Anfänge gemacht und manche Anregungen ausgeteilt habe, woraus dann in der Zukunft etwas werden soll. Ich kann selbst*

nicht wissen, ob es viel sein wird oder wenig. (Schluß der Arbeit)

226B. (P) Sigmund Freud: „Selbstdarstellung". 2. Aufl. – Wien: Internat. Psychoanalyt. Verlag, 1936.

227. (P) Sigmund Freud: Die Frage der Laienanalyse. Unterredungen mit einem Unparteiischen. – Wien: Internat. Psychoanalyt. Verlag, 1926. Die Schrift untersucht in Dialogform Entwicklungsmöglichkeiten der Psychoanalyse als Beruf. Den aktuellen Anlaß bot die Diskussion darüber, ob Nichtärzte zur analytischen Ausbildung zugelassen werden sollten; 1925 war Theodor Reik, wegen Kurpfuscherei angeklagt, vom Magistrat der Stadt Wien die Ausübung der Psychoanalyse untersagt worden. *Vielleicht kommt noch einmal ein Amerikaner auf den Einfall, es sich ein Stück Geld kosten zu lassen, um die social workers seines Landes analytisch zu schulen und eine Hilfstruppe zur Bekämpfung der kulturellen Neurosen aus ihnen zu machen.* (Aus der Arbeit)

228. (P) Sigmund Freud: Die Zukunft einer Illusion. – Leipzig, Wien und Zürich: Internat. Psychoanalyt. Verlag, 1927. *Die vom Druck der religiösen Lehren befreite Erziehung wird vielleicht nicht viel am psychologischen Wesen des*

Marie Bonaparte, Photo mit Widmung an Sigmund Freud.

222

230

Sigmund Freud, Schneewinkel 1929.

Menschen ändern, unser Gott (Λόγος) ist vielleicht nicht sehr allmächtig, kann nur einen kleinen Teil von dem erfüllen, was seine Vorgänger versprochen haben. [...] aber die Wissenschaft hat uns durch zahlreiche und bedeutsame Erfolge den Beweis erbracht, daß sie keine Illusion ist. (Aus der Arbeit)

229. Berlin-Tempelhof: Freud steigt am 29. 10. 1928 zum ersten Mal in seinem Leben in ein Flugzeug, um einen Rundflug über Berlin zu unternehmen. Er war bei seinem Schüler Dr. Ernst Simmel zu Gast, der in Berlin ein psychoanalytisches Sanatorium betrieb. Der eigentliche Zweck des Berlin-Aufenthalts war ein Besuch bei Prof. Schröder, der dem an Kieferkrebs leidenden Freud eine neue Gaumenprothese anpaßte. *Im Sanatorium erfuhr ich, daß die Gesundheit für ein gewisses Opfer wieder zu haben ist [...] ich habe das Rauchen völlig aufgegeben, nachdem es mir genau 50 Jahre lang als Schutz und Waffe im Kampf mit dem Leben gedient hat. Ich bin also jetzt wohler als vorhin, nicht glücklicher. (An Lou Andreas-Salomé, 8. 5. 1930)*

Es erinnert an jenen Chasen: Leben wird er, singen wird er nicht. (An Arnold Zweig, 25. 10. 1933)

230. Paul Federn bei der Feier anläßlich der Enthüllung der Gedenktafel an Freuds Geburtshaus in Příbor am 25. 10. 1931. *Dadurch, daß Sie, meine Herren, diese Denktafel stifteten, haben Sie dem an sich unwichtigen Zufall, wo jemand geboren wurde, die Bestimmtheit Ihres Willens hinzugefügt, als Vaterstadt Sigmund Freuds zu gelten, sich zu seiner Ursprungsstätte zu bekennen. (Aus der Rede Paul Federns)*

Wir sind stolz darauf, daß in der Cechoslovakei ein großer weltbekannter Arzt, Psychiater und Psycholog, welcher der sämtlichen Menschheit geholfen hat, geboren wurde [...]. (Aus der Einladung des Komitees für die Errichtung einer Gedenktafel, 1. 10. 1931)

231

231. Sigmund Freud und Oscar Rie um 1930. Der Wiener Kinderarzt Oscar Rie (1863–1931), Kollege Freuds am Kassowitz-Institut, war Hausarzt der Freud-Kinder und neben anderen Freunden wie Ludwig Rosenberg und Leopold Königstein Freuds Partner beim wöchentlichen Tarock.

232. (P) Sigmund Freud: Dostojewski und die Vatertötung. – In: Sigm[und] Freud: Gesammelte Schriften, Bd. 12. – Wien: Internat. Psychoanalyt. Verlag, 1934. *Sie haben auch recht mit der Vermutung, daß ich Dostojewski bei aller Bewunderung seiner Intensität und Überlegenheit eigentlich nicht mag. Das kommt daher, daß sich meine Geduld mit pathologischen Naturen in der Analyse erschöpft.* (An Theodor Reik, 14. 4. 1929)

234. (O) Büste Freuds, von David Paul Königsberger, 1921, Bronze. Die Büste wurde 1920 von Max Eitingon bei dem Wiener Bildhauer in Auftrag gegeben und ein Jahr später Freud zu seinem 65. Geburtstag vom „Comité" geschenkt. *Eitingon war einige Tage hier und hat am betreffenden Datum die Büste von Königsberger enthüllt, die nun als gespenstisch drohender eherner Doppel-*

gänger *auf eine definitive Aufstellung an irgendeinem Plätzchen in der Wohnung wartet. Ihre Ähnlichkeit wird verschieden beurteilt, an ihrem künstlerischen Wert ist nicht zu zweifeln.* (An Sándor Ferenczi, 8. 5. 1921)
Eine Kopie davon wurde am 4. Februar 1955 unter den Arkaden der Universität Wien im rechten Gang inmitten der Denkmäler der Lehrer Freuds aufgestellt, wie er es sich als Student erträumt hatte. Es war dies die erste große Ehrung, die Freud in Österreich posthum erwiesen wurde. Die Büste in der Universität trägt eine griechische Inschrift, jenen Vers aus dem „König Oidipus", den Freud in seiner „Traumdeutung" zitiert und der auch auf die Schwerdtner-Medaille geprägt ist (siehe Nr. 161).

235. Freud in seinem Arbeitszimmer im Alter von 81 Jahren (1937). *Der Menschenliebe hing ich selbst an, nicht aus Motiven der Sentimentalität oder der Ide-*

alforderung, sondern aus nüchternen, ökonomischen Gründen, weil ich sie bei der Gegebenheit unserer Triebanlagen und unserer Umwelt für die Erhaltung der Menschenart für ebenso unerläßlich erklären mußte, wie etwa die Technik. (An Romain Rolland, 29. 1. 1926)

236. (P) Sigmund Freud: Ansprache im Frankfurter Goethehaus, 1930. Freud konnte aus gesundheitlichen Gründen den Preis nicht persönlich entgegennehmen, er wurde von seiner Tochter Anna vertreten, die seine Dankesrede vortrug. *Ich denke, Goethe hätte nicht, wie so viele unserer Zeitgenossen, die Psychoanalyse unfreundlichen Sinnes abgelehnt. Er war ihr selbst in manchen Stücken nahegekommen, hatte in eigener Einsicht vieles erkannt, was wir seither bestätigen konnten, und manche Auffassungen, die uns Kritik und Spott eingetragen haben, werden von ihm wie selbstverständlich vertreten.* (Aus der Rede)

Minna Bernays, Martha und Sigmund Freud, Schneewinkel 1929.

Sigmund Freud mit den Chows Jofi und Lün, Hohe Warte 1933.

237. (O) Sigmund Freud. Karikatur von Alfred Gerstenbrand und Gedicht von Julius Bauer, in: „Wiener Köpfe in der Karikatur", 1928.
Das Büchlein fand als Damenspende auf dem jährlichen Ball des Wiener Presseclubs „Concordia" Verwendung. 1931 zeigte die Karikatur die Professoren Einstein, Freud und Steinach im Triumvirat.

238. Gegen Psychoanalyse. Heft 11 der Süddeutschen Monatshefte (1931).
[…] in der Wirkung auf die Patienten, ja auf die ganze Menschheit sind sie [Freuds bei einzelnen Kranken gewonnenen Verallgemeinerungen] *die Vergiftung eines der wenigen menschlichen Verhältnisse, die ihr, der Menschheit, noch als heilig gelten. Sie liegen auf der Linie des europäischen Nihilismus […].* (Aus der Einleitung)

239. „Aufruf an die Ärzte aller Länder", den über 200 Ärzte aus ganz Europa, den USA, Japan und China, unter ihnen auch Sigmund Freud, unterzeichneten. Dieser Aufruf stammt von Felix Boenheim, in ihm fordern die Unterzeichneten zur Teilnahme am Antikriegskongreß in Genf am 28. Juli 1932

330

238

auf. *In Wirklichkeit unterschätze ich keineswegs die Gefahr, die mir und andern droht, wenn der Hitlerismus Österreich erobert. Aber ich sehe dem ruhig entgegen, bin gefaßt, zu ertragen, was ertragen werden muß, und entschlossen, so lange auszuhalten wie immer möglich. Im Augenblick sieht es aus, als ob Österreich von der deutschen Schmach verschont bliebe.* (An Xavier Bóveda, 6. 12. 1933)

240. (P) Sigmund Freud: Il sentimento oceanico / übersetzt von Edoardo Weiss. – Estratto dal. fasc. 18 de „Il Saggiatore", 1932. In dieser Schrift beantwortet Freud einen Einwand seines Freundes Romain Rolland, daß das ozeanische Gefühl eine wichtige Quelle der Religiosität sei. *Bis zum Gefühl der kindlichen Hilflosigkeit kann man den Ursprung der religiösen Einstellung in klaren Umrissen verfolgen. Es mag noch anderes dahinterstecken, aber das verhüllt einstweilen der Nebel.* (Aus dem ersten Kapitel)

242A. (O) Zigarren von der Sorte, die Freud rauchte.

242B. (O) Zigarrenabschneider aus dem Besitz Freuds.

242C. (O) Zigarrenabschneider aus dem Besitz Freuds.
[…] zu Ihrer Schilderung stimmt nicht, daß ich doch meine Kopfschmerzen und Müdigkeiten gehabt habe, wie ein anderer, daß ich leidenschaftlicher Raucher war (ich wollt ich wär es noch), der der Zigarre den größten Anteil an seiner Selbstbeherrschung und Ausdauer in der Arbeit zugestand […]. (An Stefan Zweig, 7. 2. 1931)
Ich bitte Dich, die guten Zigarren zu übernehmen, die sich im Laufe des Jahres bei mir angesammelt haben, da Du Dir einen solchen Genuß noch gönnen darfst, ich nicht mehr. (An Alexander Freud, 19. 4. 1938)

243. (O) Am Fenster hängend: Wandspiegel mit durchbrochenem Schmuckrahmen aus Messing, der am Fenster des Arbeitszimmers befestigt war und heute an der ursprünglichen Stelle angebracht ist.

244. Entwurf des Schreibtischsessels Freuds. Der lederbezogene Drehkippsessel, der Freuds Gewohnheiten angepaßt war, stammt aus dem Atelier der Wiener Architekten Karl Hofmann und Felix Augenfeld, um 1930.

245. Nachbildung des oben skizzierten Sessels. Freud erhielt den Sessel als Geschenk seiner Tochter Mathilde. Die Reproduktion wurde für eine Freud-Dokumentation der BBC angefertigt.

246. Bücherverbrennung in Berlin (1933). *Gegen seelenzerfasernde Überschätzung des Trieblebens, für den Adel der menschlichen Seele! Ich übergebe der Flamme die Schriften des Sigmund Freud.* (‚Feuerspruch' bei der Verbrennung der Werke Freuds)
Was wir für Fortschritte machen! Im Mittelalter hätten sie mich verbrannt, heutzutage begnügen sie sich damit, meine Bücher zu verbrennen. (Ausspruch Freuds 1933, zitiert nach Ernest Jones)

247. (P) Sigmund Freud: Neue Folge der Vorlesungen zur Einführung in die Psychoanalyse. – Wien, 1933. *Zum Unterschied* [von den Vorlesungen 1916/17] *sind diese neuen Vorlesungen niemals gehalten worden. Mein Alter hatte mich in-*

zwischen der Verpflichtung enthoben, die – wenn auch nur peripherische – Zugehörigkeit zur Universität durch Abhaltung von Vorlesungen zum Ausdruck zu bringen, und eine chirurgische Operation hatte mich als Redner unmöglich gemacht. (Aus dem Vorwort)

248. (P) Sigmund Freud: Warum Krieg? Ein Briefwechsel von Sigmund Freud und Albert Einstein. – Paris, 1933. Das Buch, das vom Institut International de Cooperation Intellectuelle (Völkerbund) in drei Sprachen publiziert wurde, wurde in Deutschland verboten. *Wie lange müssen wir nun warten, bis auch die Anderen Pazifisten werden?* (Aus dem Brief Freuds, September 1932)

249. Brief vom 27. 4. 1934 an eine Amerikanerin, die Freud um die Durchführung einer zweiten Analyse in Wien ersucht hatte. Auch im Alter blieb Freud seiner Einstellung, Gesprächspartner bei gegebenem Anlaß unverzüglich mit unrealistischen Erwartungen zu konfrontieren, treu. *Die zweite [Unterlassung in Ihrer Anfrage] ist, daß Sie nicht nach der Höhe meiner Honorare fragen, obwohl Sie mir eine unerwünschte Verantwortlichkeit durch die Mitteilung auferlegen, daß Sie Ihr Vermögen verloren haben und genötigt sind an Erwerb zu denken. Ich bedaure es, daß diese Nöti-*

235

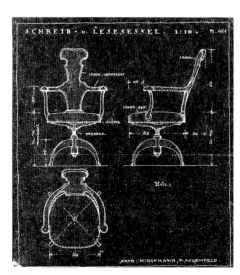

244

gung auch für mich gilt. In Erwartung Ihrer freundlichen Mitteilungen. Ihr ergebener Freud. (Aus dem Brief)

250. „Die neugeschaffenen Ehrenzeichen für Kunst und Wissenschaft". (Österreichische Woche, 3. Jg., Nr. 10, 7. 3. 1935), Photodokumentation von Medaillen.
Daß unser Hauptfeind P. Schmidt eben das österreichische Ehrenzeichen für Kunst und Wissenschaft erhalten hat für seine frommen Lügen in der Ethnologie, rechne ich mir zum Verdienst dar. Er sollte offenbar dafür getröstet werden, daß die Vorsehung mich 80 Jahre alt werden ließ. Das Schicksal hat seine Wege, unsereinen altruistisch zu machen. Als mein großer Meister Ernst Brücke seinerzeit diese Auszeichnung erhielt, verspürte ich im Ehrfurchtsschauer den Wunsch in mir auftauchen, einmal dasselbe zu erreichen. Heute bescheide ich mich damit, einem anderen indirekt zu solcher Auszeichnung verholfen zu haben. (An Arnold Zweig, 17. 6. 1936)

251. Freud in einem Gasthausgarten auf dem Kahlenberg um 1936. *Aber*

das Leben ist so vorbeigerauscht in den atemlosen Spannungen anspruchsvoller Arbeit und jetzt, wo ich mehr Muße genieße, ist nicht mehr viel von mir übrig. (An Richard Beer-Hofmann, 10. 7. 1936)

252. Sigmund und Alexander Freud 1936. Der Kaiserliche Rat Alexander Freud war Professor an der Export-Akademie und Fachmann für das österreichische Verkehrs- und Transportwesen. Er konnte 1938 über die Schweizer Grenze flüchten, emigrierte nach Kanada und starb 1943 in Toronto. *Dein zweiundsiebzigster Geburtstag trifft uns in der Situation einer Trennung nach langem Zusammenleben. Es ist hoffentlich keine Trennung für immer, aber die Zukunft, immer unsicher, ist gegenwärtig besonders schwer zu erraten.* (An Alexander Freud, 19. 4. 1938)

253. (O) Visitenkarte Freuds, auf der seine Sommeradresse Wien XIX., Strassergasse 47, angegeben ist; Freud verbrachte dort die Sommermonate der Jahre 1934–1937. *Ich sitze in meinem*

260

schönen Zimmer in Grinzing, vor mir der herrliche Garten mit frischgrünem und rotbraunem Laub (Rotbuche) [...]. Natürlich war meine Vorstellung, Ihren Frühling auf Mt. Carmel mitzuerleben, nur eine Phantasie. Ich könnte selbst auf meine treue Anna-Antigone gestützt keine Reise unternehmen, habe mir im Gegenteil neuerdings eine Verätzung im Mundgebiet gefallen lassen müssen. (An Arnold Zweig, 2. 5. 1935)

254. Freud im Alter von 79 Jahren (1935). *Die Zeitverhältnisse [...] lassen keine gute Stimmung bei uns aufkommen. Österreichs Weg zum National-Sozialismus scheint unaufhaltbar. Alle Schicksale haben sich mit dem Gesindel verschworen. Mit immer weniger Bedauern warte ich darauf, daß für mich der*

Vorhang fällt. (An Arnold Zweig, 22. 6. 1936)

255. Gipsabguß einer Medaille auf Sigmund Freud anläßlich seines 80. Geburtstages von Oskar Némon.

256. Thomas Mann: Freud und die Zukunft. – Wien: Bermann-Fischer, 1936. *Freud hat zwar gemeint, die Zukunft werde wahrscheinlich urteilen, daß die Bedeutung der Psychoanalyse als Wissenschaft des Unbewußten ihren Wert als Heilmethode weit übertreffe. Aber auch als Wissenschaft des Unbewußten ist sie Heilmethode, überindividuelle Heilmethode, Heilmethode großen Stils.* (Aus der Festrede)

257. Dankbillett für den 80. Geburtstag. *Der Unterrichtsminister hat förmlich höflich gratuliert, und dann wurde den*

Zeitungen bei Strafe der Konfiskation verboten, diesen Akt der Teilnahme im Inland bekannt zu machen. Auch zahlreiche Artikel in in- und ausländischen Journalen haben Ablehnung und Haß deutlich genug ausgedrückt. So könnte man mit Befriedigung feststellen, daß die Aufrichtigkeit noch nicht ganz aus der Welt verschwunden ist. (An Arnold Zweig, 31. 5. 1936)

258. Karikatur zum 80. Geburtstag Sigmund Freuds in einer Wiener Tageszeitung (1936).

259. Wien IX., Berggasse, von der Währinger Straße her gesehen, um 1932. Das Haus Nr. 7 vorne links wurde 1936 Sitz der Wiener Psychoanalytischen Vereinigung, des dazugehörigen Lehrinstituts und des Ambulatoriums, des Internationalen Psychoanalytischen Verlags und der Internationalen Zentralstelle für psychoanalytische Bibliographie. Das Haus existiert heute nicht mehr. *Es gab noch andere Hakenkreuze. Jetzt waren sie aus Kreide; ich folgte ihnen die Berggasse hinunter, als wären sie speziell mir zuliebe auf das Pflaster gemalt worden. Sie führten zur Tür des Professor – vielleicht gingen sie auch weiter eine andere Straße hinunter zu einer anderen Tür, aber ich forschte nicht weiter nach.* (Hilda Doolittle: Huldigung an Freud, 1975)

260. Sitzungssaal der Wiener Psychoanalytischen Vereinigung, Wien IX., Berggasse 7. In Vertretung Freuds leiteten Paul Federn und Anna Freud die Sitzungen. *Es ist ein würdiges Zeichen der ehrenvollen Armut, die die Wiener Vereinigung, die Mutter aller analytischen Gesellschaften, ertragen hat, daß es mehr als dreißig Jahre dauerte, bis sie ein richtiges eigenes Heim fand.* (Ernest Jones: Eröffnungsansprache, 1936)

261. (P) Sigmund Freud: Die endliche und unendliche Analyse, in: Internationale Zeitschrift für Psychoanalyse, Bd. 23 (1937). *Der Weg zur Erfüllung der gesteigerten Ansprüche an die analytische Kur führt nicht zur oder über die Abkürzung ihrer Dauer.* (Aus der Arbeit)

262. Wien I., Heldenplatz, Ansprache Hitlers an die Wiener am 15. März 1938. *Wir haben dies Wunder so verstanden, daß der Einzelne sein Ichideal aufgibt und es gegen das im Führer verkörperte Massenideal vertauscht. Das Wunder, dürfen wir berichtigend hinzufügen, ist nicht in allen Fällen gleich groß.* (Massenpsychologie und Ich-Analyse, 1921)

Ich habe einige besonders ungünstige Wochen hinter mir. Vor 4 Wochen eine meiner gewohnten Operationen, darauf ungewohnt heftige Schmerzen, so daß ich durch 12 Tage meine Arbeit einstellen mußte und mit Schmerzen und Wärmflaschen auf der Couch lag, die für andere bestimmt ist. Kaum daß ich die Arbeit wieder begonnen hatte, traten jene Ereig-

262

nisse ein, die, Weltgeschichte im Wasserglas, unsere Leben verändert haben. Ich konnte beim Radio lauschen der Kampfansage wie dem Verzicht, dem einen Jubel und dann dem Gegenjubel. Im Laufe dieser „eventful week" haben mich die letzten meiner wenigen Patienten verlassen. Ich bin noch nicht ganz schmerzfrei, kann also nichts arbeiten, tue also gar nichts. (An Arnold Zweig, 21. 3. 1938)

BEHANDLUNGSZIMMER

265. Das Haustor in der Berggasse 19 mit Hakenkreuzemblem im März 1938. *Über die Greueltaten und die Konzentrations- und Vernichtungslager ist viel geschrieben worden. Weniger ist jedoch über den Zustand bekannt, wenn man sich plötzlich außerhalb des Schutzes der Gesetze befindet. Vor einem Klopfen an der Tür keine Angst zu haben, wäre unnormal gewesen. [...] Freuds Wohnung wurde mehrmals von SA-Banden heimgesucht, die hauptsächlich auf Beute aus waren. Schwerwiegender war die Durchsuchung durch Leute der Gestapo.* (Max Schur: Sigmund Freud – Leben und Sterben, 1973)

266. Auflösungsbefehl des „Stillhalte- kommissars" der NSdAP an die Wiener Polizeidirektion am 25. August 1939. Da die Bürokratie der Nationalsozialisten mit den Ereignissen nicht Schritt zu halten vermochte, erlangte der Auflösungsbescheid keine Rechtswirksamkeit: Die Mitglieder des Vorstands der Vereinigung, denen er zugestellt werden mußte, hatten das Land bereits verlassen.

267. Freud mit Marie Bonaparte und Botschafter William C. Bullitt, den treuen Fluchthelfern der Familie, bei der Ankunft in Paris am Gare de l'Est am 5. Juni 1938. *Die lästige Revision in Kehl wurde uns durch ein Wunder erspart. Nach der Rheinbrücke waren wir frei!*

Der Empfang in Paris – Gare de l'Est – war herzlich, etwas lärmend mit Journalisten und Photographen. Von zehn a. m. bis zehn p. m. waren wir bei Marie im Hause. Sie hat sich an Zärtlichkeit und Rücksichten übertroffen, hat uns einen Teil unseres Vermögens zurückgegeben, und mich nicht ohne neue griechische Terrakotten weiter reisen lassen. (An Max Eitingon, 6. 6. 1938)

268. Sigmund Freud 1938, Porträtphoto von Marcel Sternberger. *Das Triumphgefühl der Befreiung vermengt sich zu stark mit der Trauer, denn man hat das Gefängnis, aus dem man entlassen wurde, immer noch sehr geliebt, in das Entzücken über die neue Umgebung, das*

Berggasse 19, im April 1938. Photo: Edmund Engelman

Freuds Couch, 1938. Photo: Edmund Engelman

einen zum Ausruf: Heil Hitler drängen möchte, mengt sich störend das Unbehagen über kleine Eigentümlichkeiten der fremden Umwelt ein, die frohen Erwartungen eines neuen Lebens werden durch die Unsicherheit gehemmt, wie lange ein müdes Herz noch Arbeit wird leisten wollen [...]. (An Max Eitingon, 6. 6. 1938)

269. Freud mit den Sekretären der Royal Society am 23. Juni 1938. Die Delegation überbrachte ihm das Ehrenregister der Gesellschaft, damit er sich – wie vor ihm Isaac Newton und Charles Darwin – darin eintragen könne. Freud war über die Auszeichnung hoch erfreut. *Das Erfreulichste war der Besuch zweier Sekretäre der R. S., die das heilige Buch der Society zu mir brachten, damit ich meine Unterschrift hineinsetze, da ein neuerliches Leiden (Blasenstörung) mich am Ausgehen verhindert. Ein Faksimile des Buches haben sie bei mir gelassen, und wenn Sie bei mir wären, könnte ich Ihnen die signatures von J. Newton to Charles Darwin zeigen. Gute Gesellschaft!* (An Arnold Zweig, 28. 6. 1938)

270A–G. (O) Freuds Reisenecessaire: Lederuntersatz mit klappbarem Spiegel, 4 Glasgefäße mit Metallschraubverschluß, 2 Bürsten. *Wenn ich mich erinnere, welch glühende Sehnsucht, zu reisen und die Welt zu sehen, mich in der Gymnasialzeit und später beherrscht hatte, und wie spät sie sich in Erfüllung umzusetzen begann [...]. [...] Das hing mit der Enge und Armseligkeit unserer Lebensverhältnisse in meiner Jugend zu-*

Die Familie Freud bei Marie Bonaparte in Paris auf ihrem Weg in das Londoner Exil.

sammen. Die Sehnsucht zu reisen war gewiß auch ein Ausdruck des Wunsches, jenem Druck zu entkommen, verwandt dem Drang, der so viel halbwüchsige Kinder dazu antreibt, vom Hause durchzugehen. Es war mir längst klar geworden, daß ein großes Stück der Lust am Reisen in der Erfüllung dieser frühen Wünsche besteht, also in der Unzufriedenheit mit Haus und Familie wurzelt. Wenn man zuerst das Meer sieht, den Ozean überquert, Städte und Länder als Wirklichkeiten erlebt, die so lange ferne, unerreichbare Wunschdinge waren, so fühlt man sich wie ein Held, der unwahrscheinlich große Taten vollbracht hat. (Brief an Romain Rolland, 1936)

271. Freud nach einer Skizze von Salvador Dalí, 1938, die bei einem Gespräch des Surrealisten mit Freud entstand. Dalí besuchte Freud am 19. Juli 1938 in Maresfield Gardens gemeinsam mit Stefan Zweig und Edward James. *Denn bis dahin war ich geneigt, die Surrealisten, die mich scheinbar zum*

Schutzpatron gewählt haben, für absolute (sagen wir fünfundneunzig Prozent wie beim Alkohol) Narren zu halten. Der junge Spanier mit seinen treuherzig fanatischen Augen und seiner unleugbar technischen Meisterschaft hat mir eine andere Schätzung nahe gelegt. Es wäre in der Tat sehr interessant, die Entstehung eines solchen Bildes analytisch zu erforschen. Kritisch könnte man doch noch immer sagen, der Begriff der Kunst verweigere sich einer Erweiterung, wenn das quantitative Verhältnis von unbewußtem Material und vorbewußter Verarbeitung nicht eine bestimmte Grenze einhält. (An Stefan Zweig, 20. 7. 1938)

272. Freud nach einer Zeichnung von Salvador Dalí, 1938.

273. Margaret Stonborough-Wittgenstein, Gemälde von Gustav Klimt, 1905. Margaret Stonborough-Wittgenstein war die Schwester Ludwig Wittgensteins und eine Freundin von Marie Bonaparte; Freud korrespondierte mit ihr

267

nach seiner Emigration. *Wenn Sie mich also wieder hier besuchen, finden Sie mich in einem anderen Haus, so schön u geräumig, daß es den Unkundigen über meine Verhältniße irre führen könnte. Mein Sohn Ernst hat es für uns gefunden und umgebaut. Das Geheimnis ist natürlich, daß es zu zwei Dritteln der Bank gehört. Immerhin, es soll die wolfeilste Art sein, in dieser theuern Stadt zu leben. Alle unsere Sachen sind unversehrt angekommen, die Stücke meiner Sammlung haben mehr Platz u machen viel mehr Eindruck als in Wien. Freilich ist die Sammlung jetzt todt es kommt nichts mehr dazu, und fast ebenso todt ist der Eigentümer, von dem unlängst wieder ein Stück weggekommen ist. Meine letzte Operation ist nach fachlicher Aussage voll gelungen, in ihrer Folge habe ich also seit zwei Monaten keine gute Stunde gehabt, kann noch nicht ordentlich sprechen, essen und rauchen und die unausgesetzten Schmerzen machen einen müde, dumm und boshaft. Mit neuen Arbeiten geht es darum auch nicht. Der „Moses" ist nach mehreren Ländern verkauft und wartet dort auf Übersetzung. Ich bin überzeugt, daß er großes Mißfallen erregen wird, ein „allgemeines Schütteln des Kopfes" wie in der Jobsiade.* (An Margaret Stonborough-Wittgenstein, 20 Maresfield Gardens, London, 5. Nov. 1938)

274. (O) „Der Mann Moses und die monotheistische Religion", Typoskript mit handschriftlichen Verbesserungen Freuds. *Ich mache weder im Umgang noch in meinen Schriften ein Geheimnis daraus, daß ich ein durchaus Ungläubiger bin. Wenn man das Buch von diesem Standpunkt aus betrachtet, wird man sagen müssen, daß eigentlich nur die Jewry und nicht die Christianity ein Recht hat, sich durch dessen Ergebnisse getroffen zu fühlen. Denn aufs Christentum zielen nur wenige Seitenbemerkungen, die nichts bringen, was nicht längst gesagt worden wäre. Man kann höchstens den alten Spruch zitieren: „Mitgefangen, mitgehangen."* (An Charles Singer, 31. 10. 1938)

268

277A–D. (O) Lederetui und Visitenkarten Freuds mit Aufdruck der Wiener und Londoner Adressen.

278. Sigmund Freud: Ein Wort zum Antisemitismus, Faksimile der Handschrift, erstes Blatt. Der Beitrag erschien am 25. 11. 1938 in Paris auf englisch und deutsch. Auf derselben Seite: „About that peace" von Thomas Mann.

279. (P) Sigmund Freud/William C. Bullitt: Thomas Woodrow Wilson. Twentyeighth President of the United States. A Psychological Study. – London, 1967. Das Buch wurde 1930/31 von Bul-

280

Sigmund Freud in London vor dem Hotel Esplanade, 1938.

1931 hatte Némon drei Büsten von Freud angefertigt, ehe dieser 1936 erneut Modell saß. *Ich habe die Ankunft der Hitlerhorden in Wien gesehen. Ich habe die Gestapoagenten in dem alten Haus in der Berggasse gesehen. Ich habe gesehen, wie das Institut und der psychoanalytische Verlag geschlossen und die Bücher, die schönen Bücher, die ihn bevölkerten, zum Einstampfen weggeschleppt wurden. Ich habe sogar Freud gesehen, wie er im zweiundachtzigsten Lebensjahr mit seiner Familie nach dem freien England ins Exil ging, wo er, kaum ein Jahr später, starb, gefällt von der grausamen Krankheit, die er mit heroischer Resignation ertragen hatte. Es ist trostreich in diesen Stunden, in denen die Welt einer Kraftprobe unterworfen ist, die Gedanken auf das große Beispiel eines solchen Lebens zu lenken… Die Höhen des Denkens ragen über den Streit der Menschen wie mitunter schneebedeckte Berggipfel über das wirbelnde Gemenge der Wolken. Die Wolken verjagt der Wind, die Gipfel bleiben.* (Marie Bo-

naparte in „Freies Österreich" [La libre Autriche], Heft 1, Paris 1940)

282. Freud im Alter von 83 Jahren (1939). *Es geht mir nicht gut, mein Leiden und die Folgen der Behandlung teilen sich in die Verursachung in einem mir unbekannten Verhältnis. Man hat versucht, mich in eine Atmosphäre von Optimismus zu ziehen: das Carcinom ist in Schrumpfung, die Reaktionserscheinungen sind vorübergehend. Ich glaube nicht daran und mag es nicht, betrogen zu werden.* (An Marie Bonaparte, 28. 4. 1939)

litt, der zu diesem Zeitpunkt Botschafter in Berlin war, und Freud konzipiert, von Bullitt niedergeschrieben, gelangte es damals jedoch nicht zur Veröffentlichung. Die Einleitung stammt aus der Feder Freuds, während der veröffentlichte Text auf ein englischsprachiges Manuskript zurückgeht.

280. Freud wird vom jugoslawischen Bildhauer Oscar Némon porträtiert. *Es bleibt doch merkwürdig, wie ahnungslos wir Menschenkinder der Zukunft entgegen gehen. Als Sie uns kurz vor dem Krieg die Gründung einer analytischen Gesellschaft in London mitteilten, konnte ich nicht vorhersehen, daß ich ein Vierteljahrhundert später ihr und Ihnen so nahe leben würde; noch weniger hätte ich es für möglich gehalten, daß ich trotz dieser Nähe an Ihrer Festversammlung nicht werde teilnehmen können.* (An Ernest Jones, 7. 3. 1939)

281. Gipsabguß des Modells zu der Statue Freuds, die 1936 von Oscar Némon entworfen wurde. Sie wurde nach dem Zweiten Weltkrieg als Denkmal ausgeführt und 1970 in London, in Swiss Cottage, in der Nähe von Freuds letztem Wohnsitz, enthüllt. Bereits im Sommer

Sigmund Freud mit der Büste von Oscar Némon, 1931.

Sigmund Freud, Maresfield Gardens 1938. Photo: Marcel Sternberger

283. (P) Sigmund Freud: Abriß der Psychoanalyse, in: Internationale Zeitschrift für Psychoanalyse und Imago, Bd. 25 (1940). *Diese kleine Schrift will die Lehrsätze der Psychoanalyse in gedrängtester Form und in entschiedenster Fassung gleichsam dogmatisch zusammenstellen. Glauben zu fordern und Überzeugung zu wecken liegt selbstverständlich nicht in ihrer Absicht. (Aus dem Vorwort)*

284. Sigmund und Martha Freud im Garten des Hauses Maresfield Gardens, London, September 1939. *Aber ich bin über dreiundachtzig Jahre alt, so eigentlich überfällig, und habe wirklich nichts anderes zu tun, als was Ihre Verse raten: Warten, warten. (An Albrecht Schaeffer, 19. 9. 1939)*

285. (O) *Le célèbre FREUD est mort ce matin.* Schlagzeile des „Paris-soir", Lundi 25 Septembre 1939.

286. (P) *Am 23. September 1939 ist Sigmund Freud in London gestorben.* Titelseite der Internationalen Zeitschrift für Psychoanalyse und Imago, Bd. 24/4.

287. Freuds Grabstätte im Krematorium Golder's Green in London; in späteren Jahren wurde auch die Asche von Angehörigen in der umgebenden Nische beigesetzt. Die Urne war ein Geschenk Marie Bonapartes, die Freud in seinem Arbeitszimmer aufgestellt hatte (siehe die großen Photos links vom Fenster im Arbeitszimmer).

288A. + 288B. (O) Gedenkmedaillen (Gold) auf Sigmund Freud von Klarmüller, 1969, die im österreichischen Hauptmünzamt zum 30. Todestag Freuds geprägt wurden.

ANTIKEN, DIE IM BEHANDLUNGS- UND IM ARBEITSZIMMER AUSGESTELLT SIND[1]:

7. (A) Weiblicher Kopf einer Terrakottafigur mit gescheitelter Frisur und Kranz; Süditalien oder Sizilien, 2. Jh. v. Chr.

10. (A) Bauchiges Krüglein ohne Standfläche mit langem, zu einem Ausguß abgeschlossenem Hals, seitlichen Schnurösen und Henkel; braune Bemalung auf weißer Engobe. Zypern, mittlere Bronzezeit, ca. 1750–1600 v. Chr.

11. (A) Taube aus Terrakotta, die Flügel und der Schwanz sind nicht ausgeformt, sondern werden erst durch die Bemalung sichtbar gemacht. Griechenland, frühes 5. Jh. v. Chr.

21. (A) Primitives Idol mit antromorphen Zügen, grüner Schiefer; vermutlich aus Mexiko, Mezcala Kultur.

22. (A) Stuckkopf eines Eroten oder Kindes, wie Nr. 220 in flüchtiger, auf Schattenwirkung berechneter Ausführung; römisch, 3. – 4. Jh. n. Chr.

23. (A) Tympanonschlägerin, kyprische Terrakottastatuette vom „snow man type"; archaisch, Mitte 7.–Mitte 6. Jh. v. Chr.

24. (A) Männliches Genitale, Votivgabe aus Ton. Solche Nachbildungen erkrankter bzw. geheilter Organe, wie von Füßen, Augen, Ohren usw., fanden sich in allen Asklepieia der antiken Welt; späthellenistisch (?), 1. Jh. v. Chr.

25. (A) Antithetische Reliefgruppe aus weißem Sandstein; zwei einander gegenübersitzende Figuren über Blütenkranz und zwei hundeähnliche Tiere, die einen frontal gegebenen Kopf flankieren; iberisch (?).

35. (A) Chinesische Hundefigur aus Ton, bemalt. Kurzbeiniger walzenförmiger Körper mit abgehackter Schnauze, kurzen Ohren und Ringelschwanz; Han-Dynastie, 206 v. – 220 n. Chr.

36. (A) Terrakottafigur, Mutterschwein. Die Füßchen sind moderne Ergänzungen; naturalistisch, mit gestrichelten Borsten und zwei Reihen von

7

Zitzen; Votiv- und Grabbeigabe; römisch, 1. Jh. n. Chr. (?).

44. (A) Kyprischer Marmorkopf des ägyptisierenden Stils; Kopfbedeckung gleicht dem ägyptischen Königstuch; archaische Periode, um die Mitte des 6. Jh. v. Chr.

45. (A) Kopfgefäß (Lekythos) in Form eines männlichen Kopfes; der Gesichtsschnitt entspricht nicht den üblichen Typen des Herakles oder der Satyrn (kein analoges Beispiel). Der beiliegende Aryballos-Hals war von einem modernen Restaurator aufgesetzt worden; attisch, 1. Hälfte des 5. Jh. v. Chr.

56. (A) Öllampe in Form einer Apis-Protome. Zwischen den Stierhörnern Sonnendiskus mit Fortsatz für das Dochtloch; ägyptisch, spätptolemäisch bis 1. Jh. n. Chr.

66. (A) Kyprische Lekythos, sogenannte base ring ware I mit graviertem Ornament; Spätbronzezeit, 1600–1400 v. Chr.

67. (A) Glaskanne mit geripptem Henkel, vielleicht mit Herkunft Aquileia; römisch, 2. Hälfte des 2. Jh. n. Chr.

76. (A) Kleines Balsamar aus schmutzigweißem Glas, in Form von aus Syrien stammenden Glasflaschen; ca. 3.–4. Jh. n. Chr.

77. (A) Glasbalsamar mit langem Hals und glockenförmigem Körper (häufig vorkommende und langlebige Form); römisch, ca. 2.–3. Jh. n. Chr.

93A. (A) Kleines, schwarz gefirnistes Schälchen mit einem seitlichen Griff; italisch, 4.–3. Jh. v. Chr.

93B. (A) Kleines, flaches Schälchen; italische Firniskeramik, 4.–3. Jh. v. Chr.

94. (A) Teller auf hohem Fuß, das Innenrund ziert ein Frauenkopf, auf dem Rand ein Wellenornament; Apulien, 4. – 3. Jh. v. Chr.

105. (A) Gorgoneion. Tonreliefplakette; 2. Hälfte des 6. Jh. v. Chr.

117. (A) Kugeliges Töpfchen aus grauem Ton mit eingeglätteter Oberfläche. Es könnte aus dem Gebiet des heutigen Österreich (Carnuntum?) stammen; Ende 4. bis Anfang 5. Jh. n. Chr.

137. (A) Kleine, schwarz gefirniste Lekythos mit Weißmalerei. Porträt einer geflügelten Nike; süditalisch, 4. Jh. v. Chr.

148. (A) Kleine, schwarz gefirniste Lekythos, eine fliegende Nike bekränzt einen Altar; süditalisch, 5. Jh. v. Chr.

24

---

[1] Siehe auch die Vitrine im Wartezimmer (Nr. 321).

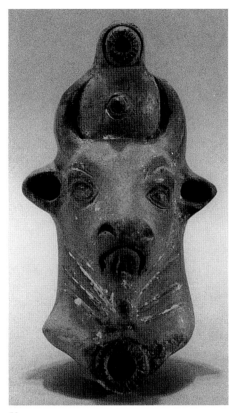

56

276

188. (A) Ägyptischer Porträtkopf. Die kleine Marmorskulptur stammt wahrscheinlich von der Statuette eines Pharao, trägt das Königskopftuch und die Uräusschlange über der Stirne; ptolemäisch, 3. Jh. v. Chr. (?).

199. (A) Süditalischer Kantharos, auf jeder Seite ist ein Frauenkopf im Profil dargestellt; Apulien, Ende 4. Jh. v. Chr.

220. (A) Weiblicher Stuckkopf aus der Stuckdekoration eines Innenraums, möglicherweise einer Grabkammer; römisch, 3.–4. Jh. n. Chr.

221. (A) Pilgerflasche mit graviertem Spiraldekor, Imitation eines kyprischen Gefäßtypus mit funktionslosen, angedeuteten Henkeln; wahrscheinlich ägyptisch, 26. Dynastie bis in die Zeit der Perserherrschaft, 7.–5. Jh. v. Chr.

233. (A) Chinesische Hundefigur aus Ton, bemalt, kurzbeiniger walzenförmiger Körper mit abgehackter Schnauze, kurzen Ohren und Ringelschwanz; Han-Dynastie, 206 v.–220 n. Chr.

241. (A) Netzlekythos, Hals gebrochen; Süditalien, 4./3. Jh. v. Chr.

263. (A) Faltenbecher aus Pannonien; römisch, 3.–4. Jh. n. Chr.

264. (A) Schale auf hohem Fuß, bis auf Streifen unverziert; süditalisch, 4./3. Jh. v. Chr.

275. (A) Chinesischer Geldbeutel aus Seide und Papier; Ende 19. Jh., mit den Glückssymbolen Glückswolke, Fledermaus, Pfirsichblüte, Swastika und Glücksknoten.

150. (A) Schwarzer Tonbecher; Herkunft unbekannt.

175. (A) Kyprische Lekythos, sogenannte base ring ware I, mit Bandhenkel und Zickzack-Ornament; Spätbronzezeit, 1600–1400 v. Chr.

176. (A) Kyprische Lekythos, sogenannte base ring ware II, bemalt; Spätbronzezeit, 1400–1230 v. Chr.

276. (A) Kriegerstatuette; bärtige männliche Terrakottafigur in langem Gewand mit Panzer und Helm, die zwischen Fenster und Türe auf einem Glasschrank stand. Figuren dieser Art dienten als Totenwächter an Männergräbern; chinesisch, T'ang-Dynastie, 618–908 n. Chr.

WARTEZIMMER

289. „Moisé venant du mont Sina", Stich von A. L. Krüger nach dem Gemälde von Rembrandt, 1770. *Der Mann Moses, der dem jüdischen Volke Befreier, Gesetzgeber und Religionsstifter war, gehört so entlegenen Zeiten an, daß man die Vorfrage nicht umgehen kann, ob er eine historische Persönlichkeit oder eine Schöpfung der Sage ist. [...] wir haben keine andere Kunde von ihm als aus den heiligen Büchern und der schriftlich niedergelegten Tradition der Juden.* (Der Mann Moses und die monotheistische Religion, 1939)

290. Emanuel Löwy (1857–1938), Professor der Archäologie in Wien und Rom, Radierung von Ferdinand Schmutzer. Löwy war Freud durch lange Jahre ein treuer Freund und hervorragender archäologischer Ratgeber.

291. Arnold Zweig (1887–1968). *Haifa, April 1934. Unserem großen Vater Freud in herzlicher Ergebenheit Arnold Zweig.* (Widmung)

292A–D. (O) „Die Vier Elemente", vier Kupferstiche (1770–1774) von Christoforo dall'Aqua nach Gemälden von

292A–D

290

Louis de Boullogne. *[Empedokles] erklärte die Verschiedenheiten der Dinge durch Mischungen der vier Elemente, Erde, Wasser, Feuer und Luft [...]. [...] daß es zwei Prinzipien des Geschehens im weltlichen wie im seelischen Leben gibt, die in ewigem Kampf mit einander liegen. Er nennt sie ($\psi\iota\lambda\iota\alpha$; $\nu\epsilon\tilde{\iota}\kappa o\varsigma$) – Liebe – und – Streit. Die eine dieser [...] für ihn im Grunde „triebhaft wirkende[n] Naturkräfte [...]" [...] strebt darnach, die Ur-Teilchen der vier Elemente zu einer Einheit zusammenzuballen, die andere im Gegenteil will all diese Mischungen rückgängig machen und die Ur-Teilchen der Elemente von einander sondern. Den Weltprozeß denkt er sich als fortgesetzte, niemals aufhörende Abwechslung von Perioden, in denen die eine oder die andere der beiden Grundkräfte den Sieg davonträgt [...].* (Die endliche und die unendliche Analyse, 1937)

293. „The Nightmare" („Der Alptraum") von J. H. Füßli, 1781; Ernest Jones, der 1912 seinen Essay „Der Alptraum" veröffentlichte, hatte Freud einen Stich des berühmten Gemäldes geschenkt.

291

90

296

294. Ehrenmitgliedschaft der Royal Society of Medicine, London, 21. Mai 1935, Photographie aus Freuds Besitz.
295. Ehrenmitgliedschaft der königlichen Gesellschaft für Naturwissenschaften, London, 25. Juni 1936.
296. Max Eitingon (1881–1943). *Herrn Professor Freud in Verehrung und herzlicher Ergebenheit, Max Eitingon, Berlin.* (Widmung auf der im Freud Museum in London befindlichen Originalphotographie)
Der aus einer orthodox-jüdischen Familie stammende Eitingon kam 1907 nach Wien, um Näheres über die Psychoanalyse zu erfahren. 1920 gründete er gemeinsam mit Karl Abraham die Berliner Psychoanalytische Poliklinik, deren Leiter er bald wurde. Eitingon war eines der ersten und führenden Mitglieder der Berliner Psychoanalytischen Vereinigung, nach dem Tod Abrahams 1925 wurde er als Präsident der Internationalen Psychoanalytischen Vereinigung dessen Nachfolger. Mit Freud, der ihn 1919 ins „Comité" aufnahm, stand er in besonders enger Verbindung.
297. Ehrenmitgliedschaft der British Psychological Society, 13. März 1926; auch das Originaldiplom hing an dieser visuell dominierenden Stelle.

298. Sándor Ferenczi (1873–1933). *Budapest, 1913. Seinem geehrten Lehrer Professor Freud sein dankbarer S. Ferenczi.* (Widmung)
Ferenczi war der führende Vertreter der Psychoanalyse in Ungarn. Mit Freud, der seine Arbeiten besonders schätzte, verband ihn eine enge Freundschaft, wovon auch ein umfassender Briefwechsel zeugt. Er gehörte dem „Comité" an.
299. Anton von Freund (1880–1920). Von Freund, eigentlich Antal Freund von Tószegh, Sohn eines Budapester Industriellen, lernte Freud durch Sándor Ferenczi persönlich kennen und förderte die psychoanalytische Bewegung immer wieder durch große Geldbeträge. *Er war der stärkste Förderer und eine der schönsten Hoffnungen unserer Wissenschaft! [...] (sein) vorzeitiger Tod hat (seinen) menschenfreundlichen und für die Wissenschaft so hoffnungsvollen Plänen ein Ende gesetzt. [...] Nur der psychoanalytische Verlag ist in Wien ins Leben getreten.* (Freud: Dr. Anton v. Freund, 1920)

298

300. Ehrenmitgliedschaft der Neurologischen Gesellschaft New York vom 17. April 1936.
301. Verleihungsurkunde für den Ehrentitel „Bürger der Stadt Wien", 25. April 1924; Schmuckblatt: Ödipus und

293

die Sphinx, Aquarellskizze von Max Pollak. Freud wurde mit dem Datum 22. April 1924 der 33. „Bürger". *Die Idee, daß der übermorgen bevorstehende 68. Geburtstag der letzte sein könnte, muß sich auch anderen aufgedrängt haben, denn die Stadt Wien hat sich beeilt, mir zu diesem Tage die Ehre ihres Bürgerrechts zu verleihen, die sonst auf den 70. zu warten pflegt.* (An Karl Abraham, 4. 5. 1924)

302. Stiftungsurkunde der Internationalen Psychoanalytischen Vereinigung zum 70. Geburtstag Freuds am 6. Mai 1926.

303. Ehrenmitgliedschaft der Griechischen Gesellschaft für Seelenforschung an der Universität Athen vom 15. Dezember 1924.

304. Ehrenmitgliedschaft der Niederländischen Vereinigung für Psychiatrie und Neurologie vom 10. Dezember 1921.

305. Albert Einstein (1879–1955), Radierung von Ferdinand Schmutzer. *Ja, mit Einstein habe ich auch zwei Stunden verplaudert, er kam mit seiner Frau zu Ernst, um mich zu sehen. Er ist heiter, sicher und liebenswürdig, versteht von Psychologie soviel wie ich von Physik,*

312

und so haben wir uns sehr gut gesprochen. (An Sándor Ferenczi, 2. 1. 1927)

306. Gruppenphoto, aufgenommen vor der Clark University in Worcester, Massachusetts, 1909; mit Bildlegende. Freud reiste gemeinsam mit Ferenczi und Jung 1909 auf Einladung von G. Stanley Hall in die USA, um zum 20. Jahrestag der Begründung dieser Universität Vorlesungen in deutscher Sprache zu halten.

307. Gruppenphoto, aufgenommen vor der Clark University, 1909. Sitzend: Sigmund Freud, G. Stanley Hall (Präsident der Clark University), C. G. Jung; stehend: Abraham A. Brill, Ernest Jones, Sándor Ferenczi.

308. Ehrendoktorat der Rechtswissenschaften, Clark University, 10. September 1909.

309. Jusepe de Ribera: Der Klumpfuß, Paris, Louvre; eine Reproduktion des Bildes hing an dieser Stelle. Freud nimmt in „Psychopathologie des Alltagslebens" indirekt auf Ribera Bezug.

310. Gruppenaufnahme der Teilnehmer des Internationalen Psychoanalytischen Kongresses in Weimar 1911.

311. Verleihungsurkunde des Goethe-Preises der Stadt Frankfurt 1930. *Ich be-*

streite nicht, daß mich der Goethepreis erfreut hat. Die Phantasie einer näheren Beziehung zu Goethe ist allzu verlockend, und der Preis selbst ist eher eine Verbeugung vor der Person als eine Beurteilung ihrer Leistung. Aber andererseits haben solche Anerkennungen in meinem Lebensalter weder viel prakti-

299

301

307

schen Wert noch große affektive Bedeutung. Für eine Versöhnung mit der Zeitgenossenschaft ist es reichlich spät, am endlichen Durchdringen der Analyse lange nach meiner Zeit habe ich nie gezweifelt. (An Arnold Zweig, 21. 8. 1930)

312. Gruppenaufnahme der Teilnehmer des Psychoanalytischen Kongresses in Den Haag, Niederlande, 1920; stehend: Hanns Sachs, Otto Rank, Karl Abraham; sitzend: J. van Emden, Ernest Jones, Sigmund Freud, Sándor Ferenczi sowie einige holländische Psychoanalytiker.

313. (O) Ehrenmitgliedschaftsdiplom der Gesellschaft der Ärzte in Wien vom 20. März 1931. Diese Auszeichnung kann als Zeichen einer späten Aussöhnung Freuds mit der Gesellschaft gelten, deren Mitglieder zunächst so wenig

310

93

309

Verständnis für die junge Psychoanalyse aufgebracht hatten.

314A. (O) Auf dem Tisch pflegte die Erstausgabe des Wilhelm-Busch-Albums zu liegen.

314B. (P) Erstausgabe des Wilhelm-Busch-Albums. Für die historischen Sitzungen im Wartezimmer war ein größerer, länglicher Tisch in Verwendung, dessen Verbleib unbekannt ist.

315A. (O) Tischchen.

315B. (O) Briefkassette, gestiftet von Freuds Tocher Mathilde Hollitscher, Einlegearbeit.

315C. (O) Tarockkartenspiele Freuds, Wien um 1900. Freud spielte von seiner Studentenzeit an bis ins hohe Alter mit besonderer Vorliebe Tarock. *[...] aber Samstag abends nach elfstündiger Analysenarbeit und am Ende einer Woche ohne Sonntag bin ich nicht zu gebrauchen und tue gut, Kartenspielen zu gehen.* (An Sándor Ferenczi, 24. 5. 1913)

316. Der Kachelofen, in der für Freuds Zeit typischen Ausführung, blieb in diesem Raum erhalten. *Die Privatwohnung hatte drei Wohn- und die Schlafzimmer. Nicht weniger als zwölf jener altmodischen Wiener Porzellanöfen zählte man [...].* (Ernest Jones)

317. (O) Die Original-Sitzbank, die zur Zeit der Mittwoch-Abend-Gesellschaft in Verwendung war.

318A–F. (O) Sessel, zur Sitzbank passend.

319. (O) Teppich.

320A–C. (O) Polster.

321. Das ursprünglich offene Wandregal in der Ecke des Raumes hatte Freud durch Auflassung einer Tapetentüre gewonnen. In der Vitrine ist ein Großteil der Antiken, die dem Museum von Anna Freud übergeben worden sind, ausgestellt:

1. (A) Holzskulptur einer Katze (das heilige Tier der Göttin Bastet); ägyptisch, Spätzeit.

2. + 3. (A) Zwei Totenstatuetten (Uschebtis), Fayence mit grüner Glasur, mumiengestaltig; sie wurden dem Toten als Stellvertreter für die im Jenseits geforderten Feldarbeiten mitgegeben. Die Inschriften geben den Namen des

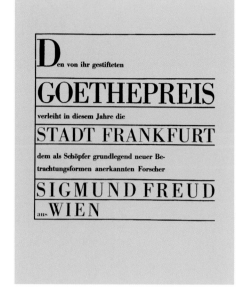

311

Verstorbenen und einen Spruch aus dem Totenbuch wieder; ägyptisch, Spätzeit, 25.–30. Dynastie; 712–332 v. Chr.

4. (A) Lichthäuschen in Form eines Rundtempelchens aus Ton, Türöffnung mit Dreiecksgiebel (Rückseite), seitlich stilisierte Füllhörner, eine Silensmaske in Relief tragend; Kegeldach mit Luftlöchern und Aufhängeöse an der Spitze. Solche Lichthäuschen wurden als Lam-

315C

Antikenschrank (Architekt: Wolfgang Tschapeller, 1993) im Wartezimmer des Sigmund Freud-Museums. Photo: Gerald Zugmann

penbehälter für sepulkralen und profanen Gebrauch benützt; alexandrinisch, 1. Jh. v. – 1. Jh. n. Chr.

5. (A) Runde flache Flasche aus Fayence mit kleinen Ösenhenkeln; ägyptisch, 26. Dynastie, ab 600 v. Chr.

6. (A) Halbkugeliger Napf mit Schnuröse; rotpolierte Keramik (II) mit graviertem Dekor, handgeformt, am Rand Parallelringe, darunter zwei gerahmte Friese von Zickzackbändern mit schraffierten Rhomben; frühe Bronzezeit, ca. 1950–1900 v. Chr.

7. (A) Kugelfläschchen mit Ösenhenkel; handgeformt, mit fleckigem Überzug infolge unterschiedlicher Brandtemperatur; ohne Standfläche, zum Aufhängen bestimmt; frühe Bronzezeit, 2000–1900 v. Chr.

8. (A) Askos, Gefäß mit Schnabelausguß; weiße bemalte Ware im ‚string hole style', benannt nach den zahlreichen Schnurösen um Bauch und Ausguß, welche mit Ausnahme der waagrecht durchbohrten Öse an der Oberseite nur noch dekorative Funktion haben; mittlere Bronzezeit, ca. 1750–1600 v. Chr.

9. (A) Siebgefäß mit Stierkopfausguß; sog. base ring ware (I–II), benannt nach dem charakteristischen konischen Standring; der Gefäßrand ist durch ein Sieb verbunden, das Maul der kleinen Stierkopfprotome diente als Ausguß; Spätbronzezeit, ca. 1450–1230 v. Chr.

10. (A) Pilgerflasche; bichrome Ware mit vertikalen konzentrischen Kreisen in Rot und Schwarz. Die aus dem Osten stammende Gefäßform war seit der mykenischen Zeit in Zypern verbreitet; geometrische Zeit, 1050–700 v. Chr.

11. + 12. (A) Zwei männliche Votivstatuetten mit hohen Spitzmützen, spärlichen Gesichtszügen und ungegliederten Armen; Verehrer- oder Priesterfiguren, wie sie zu Hunderten in den archaischen Heiligtümern Zyperns, besonders in Ayia Irini, um 1929 gefunden wurden; archaische Periode, 1. Hälfte des 6. Jh. v. Chr.

13. (A) Stierstatuette aus Ton, handgeformt, mit roten und schwarzen Be-

27

malungsspuren; Votivtier aus dem Heiligtum einer Fruchtbarkeitsgottheit; archaische Periode, 7. Jh. v. Chr.

14. (A) Kalksteinstatuette mit Spitzmütze; Votivfigur eines Adoranten oder Priesters, entstand unter ägyptischem Einfluß; dazu gibt es zahlreiche Parallelbeispiele von kleinstem Format bis Lebensgröße; archaische Periode, 1. Hälfte des 6. Jh. v. Chr.

15. + 16. (A) Zwei weibliche Votivstatuetten; Terrakottavollfiguren, Rückseiten nicht ausgearbeitet; archaische Periode, 6.–1. Hälfte des 5. Jh. v. Chr.

17. (A) Mädchenstatuette im Typus der Samischen Koren in Chiton und Himation, das über den Hinterkopf gezogen ist; die Statuette hält in der Rechten einen Vogel (?) als Votivgabe; ostgriechisch, Ende des 6. Jh.–Anfang des 5. Jh. v. Chr.

18. (A) Schwarzfigurige Kylix; Schale mit niedrigem Fuß, das Innenbild zeigt einen tanzenden Satyr in Knielauf mit abgewinkelten Armen und zurückgewandtem Kopf; attisch, letztes Viertel des 6. Jh. v. Chr.

19. (A) Hockender Silen; halbtierischer Dämon aus dem Gefolge des Dionysos als ithyphallische Groteskfigur, früher Typus mit Pferdehufen statt menschlichen Beinen; ostgriechisch (?), gegen 500 v. Chr.

20. (A) Thronende Göttin in Ärmelchiton und Polos (Götterkrone), sie ist trotz fehlender Attribute als Demeter zu bezeichnen; böotisch, 2. Viertel des 5. Jh. v. Chr.

21. (A) Tanzender Satyr, Torso, mit wild gestikulierenden Armen, ithyphallisch, auf gespreizten Beinen und Schweif sitzend zu ergänzen; korinthisch (?), gegen Mitte des 5. Jh. v. Chr.

22. (A) Jüngling mit Hahn; Votiv- oder Grabbeigabe; zahlreiche Repliken dieses Typus wurden im thebanischen Kabirenheiligtum und in böotischen Gräbern gefunden; böotisch, 3. Viertel des 5. Jh. v. Chr.

23. (A) Schwarzfigurige Lekythos aus der Werkstatt des Haimon-Malers mit Darstellung einer Wagenfahrt, Ariadne und Dionysos (?); attisch, 1. Viertel des 5. Jh. v. Chr.

24. (A) Schwarzfirnis-Kleeblattkännchen; es wurde als Choenkännchen verwendet, ein Miniaturgefäß, aus dem man in Attika Kindern beim Frühlingsfest, den Anthesterien, Wein zu trinken gab; attisch, 2. Hälfte des 5. Jh. v. Chr.

25. (A) Megarischer Becher; Gattung der hellenistischen Reliefkeramik, nach dem ursprünglichen Hauptfundort benannt; zwischen Ornamentbändern befindet sich ein figürlicher Fries mit Darstellung einer Hasenjagd; attisch, letztes Viertel des 3. Jh. v. Chr.

26. (A) Bleigewicht von 1/8 Stater; Reliefplakette mit einer halben Landschildkröte als Gewichtssymbol und Gewichtslegende; attisch, 4. – 2. Jh. v. Chr.

27. (A) Aphroditenstatuette; die sich enthüllende Göttin erscheint an einen Pfeiler gestützt; wahrscheinlich aus Myrina oder einer anderen kleinasiatischen Werkstätte; späthellenistisch, 2. Hälfte des 2. Jh. – 1. Hälfte des 1. Jh. v. Chr.

28. (A) Bucchero-Kanne; schlanke Oinochoe nach korinthischem Vorbild in der Technik des bocchero sottile; etruskisch, 2. Hälfte des 7. Jh. v. Chr.

29. (A) Weiblicher Terrakottakopf aus grobem Ton, ursprünglich sicher bemalt; Teil eines Reliefs oder von einem Antefix; Etrurien oder Campanien, Ende des 5./Anfang des 4. Jh. v. Chr.

30. (A) Hellenistische Schwarzfirnisschale mit Ringfuß und Ohrenhenkel, innen Palmettenstempel und Rädchenverzierung; campanisch, 4.–3. Jh. v. Chr.

31. (A) Henkelschälchen, ein Henkel fehlt; Rotfirnisware; vorrömischer oder römischer (?) Herkunft.

32. + 33. 2 Neolithische Steinbeile, Knochenschnittarbeit; bei einem Stück (Nr. 33) ist die Steinklinge erhalten.

34. (A) Kugeliger Gesichtskrug; stilisierte Gesichtszüge appliziert; stammt wahrscheinlich aus dem Donauraum; römisch, 2.–4. Jh. n. Chr.

35. (A) Henkeltöpfchen mit weißem Überzug und schrägem Hakenmäanderband in schwarzer Malerei; vermutlich rumänisch, Spätbronzezeit, 2. Hälfte des 2. Jahrtausends v. Chr.

36. (A) Henkeltöpfchen; grobe Gebrauchskeramik; Provenienz vorrömisch oder römisch (?).

40

37. (A) Tonkrug; stammt nach Beschriftung ‚C'Dal i m' aus derselben Sammlung oder vom selben Fundort(?) wie das Henkeltöpfchen Nr. 36.

38. (A) Henkeltopf mit Radstempel am Boden und Relief bzw. Punkt-Ornamenten an Schulter und Bandhenkel; Mittelalter, 10.–12. Jh. n. Chr. (?).

39. (A) Theatermaske aus Ton im Typus der tragischen Heroine, mit durchbohrten Augen und Mund und einem Aufhängeloch am hohen Onkos (Haaraufbau); römisch, Ende 1. Jh. v.–1. Jh. n. Chr.

40. (A) Gorgoneion, Reliefplakette in Ton, die als Apotropaion verwendet wurde; zahlreiche Repliken dieses Typus stammen aus Gräbern in Capua; campanisch, 2. Hälfte des 6. Jh. v. Chr. bis ptolemäische Zeit.

41. (A) Amulett in Phallus-Form aus Bronze, mit Aufhängering; ägyptisch, griechisch-römische Zeit.

42. (A) Bes; Fragment einer Bronzestatuette, die die Bekrönung eines Stabaufsatzes bildete (Kultgerät); in der erhobenen Rechten sind Federkrone und Schwert zu ergänzen. Der zwerggestaltige Dämon der ägyptischen Volksreligion wurde als Schützer gegen alles Böse verehrt; ägyptisch, wahrscheinlich saitische Zeit, 7.–6. Jh. v. Chr. bis ptolemäische Zeit möglich.

43. (A) Beinrelief, einen Putto oder Genius darstellend, Teil der Fußverkleidung einer Holzkline; gehört zu einer unvollständigen Serie von Knochenschnitzereien im Thermenmuseum in Rom, die vom Totenbett einer Grabkammer in den Abruzzen stammt; römisch, 2. Jh. n. Chr.

VORZIMMER

322. (O) Holzgetäfelte Garderobe mit Kleiderhaken.

323. (O) Kabinenkoffer Sigmund Freuds, der zuletzt bei der Emigration der Familie 1938 benützt wurde.

Eine Nische des Vorzimmers enthält:

324A. (O) Spazierstock,

324B. (O) Hut und

324C. (O) Sportmütze Freuds.

324D. (O) Der Kleiderbügel wurde von Freud während seiner Ausbildungsjahre im Allgemeinen Krankenhaus verwendet. *Die Patienten sind ekelhaft und geben mir Gelegenheit zu neuen technischen Studien. Eitingon ist hier, geht zweimal in der Woche mit mir nach dem Nachtmahl spazieren und läßt sich dabei analysieren.* (An Sándor Ferenczi, 22. 10. 1909)

324E. (O) Wanderflasche, die Freud auf den von ihm geliebten Sonntagsausflügen mitzunehmen pflegte.

324F. (O) Handkoffer,

324G. (O) Reisetasche mit Initialen „S. F." und

324H. (O) Wollplaid.

Dieses England – Du wirst es ja bald selbst erfahren – ist trotz allem, was hier fremd, sonderbar und beschwerlich ist – und es ist nicht wenig – ein gesegnetes, ein glückliches Land, von wohlwollenden gastfreundlichen Menschen bewohnt, das ist wenigstens der Eindruck der ersten Wochen. (An Alexander Freud, 22. 6. 1938)

325. (O) Neben dem Eingang steht ein Aschenbecher aus Kupfer und Messing im Wiener Jugendstil, um 1905, der zur Ausstattung des Vorzimmers gehörte.

326. Vorzimmer, Photo Edmund Engelman, 1938. Die Eingangstür ist an der Innenseite mit einem angeschraubten Gitter aus Eisenstäben gesichert. *Wie viele Bürgerwohnungen Wiens wird auch das Türholz der Freuds durch diesen Einbruchschutz verschandelt. In dem dreiviertelhoch mit hellem Holz verblendeten, schmalen Flur befindet sich wenig mehr als die Wandgarderobe – eine Reihe*

325

schmuckloser Metallhaken in der Holzvertäfelung –, ein Korbstuhl und ein Tischchen als Ablage. Am ersten Haken von der Tür aus [...] hängen die Einkaufsnetze. (Alltag bei Familie Freud)

327. (O) Türschild.

328. (O) Türschild „Prof. Dr. Freud 3–4", die Ordinationszeiten anzeigend. *Es gab zwei Türen auf dem Absatz. Die rechte war die Ordinationstür des Professors, die linke die Freudsche Familientür. Sichtlich hatte man die beiden Wohnungen so eingeteilt, daß es möglichst wenig Durcheinander zwischen Familie und Patienten oder Schülern gab [...].* (Hilda Doolittle: Huldigung an Freud, 1975)

328

DIE RÄUME VON ANNA FREUD

329. (O) Sigmund Freud, Aquatinta-Radierung von Max Pollack, Wien 1914.

330. (O) Radierung von Ferdinand Schmutzer. Brief an Prof. Ferdinand Schmutzer vom 10. 5. 1926:

Verehrter Herr Professor!

Die Radierung befindet sich nun in meinen Händen, ich habe sie auch bereits in der Auslage von Artaria gesehen. Meine Freunde und Angehörigen benehmen sich entweder so, dass sie sie auf den ersten Anblick bewundern oder sie finden sie zuerst zu streng, um dann bei längerem Zusehen zuzugeben, dass sie mir immer ähnlicher wird. Mir macht sie eine ungemeine Freude und es ist mir ein Bedürf-nis, Ihnen für die Mühe zu danken, die Sie sich mit der Wiedergabe meines garstigen Gesichts gegeben haben und die Vesicherung zu wiederholen, dass ich mich erst jetzt als aufbewahrt für die Nachwelt fühle. Ich darf die Erwartung aussprechen, dass das Blatt auch in weiteren Kreisen grossen Anklang finden wird.

Mit den herzlichsten Empfehlungen an Ihre liebenswürdige Frau Gemahlin und an Sie selbst.

Ihr sehr ergebener Freud

335

331. (O) Bücherschrank mit Marmorplatte, diente ursprünglich als Speisezimmer-Etagère. In den oberen, verglasten Regalen stehen Bücher aus der Bibliothek Sigmund Freuds (siehe Seite 12 der Einleitung):

The Autobiographie of a child. Written from the psychosexualanalytical standpoint: for doctors, parents, teachers, and psychologists. London: Kegan Paul, Trench, Trubner & Co. o. J.

Busch, Wilhelm: Neues Wilhelm Busch Album. Sammlung lustiger Bildergeschichten mit 1500 zum Teil farbigen Bildern. Berlin/Grunewald: Verlagsanstalt für Literatur und Kunst Hermann Klemm o. J., 488 S.

Char, René: Artine. Paris: Editions Surréalistes 1930, mit Widmung des Verfassers: „au professeur Sigmund Freud avec la profond admiration et le plus grand respect a René Char".

Das Leben der Pflanzen. 8 Bde., hrsg. v. R. H. Francé. Mit zahlreichen Illustrationen, Faksimiles, Karten und Farbbildern. Stuttgart: Kosmos, Gesellschaft der Naturfreunde 1906 ff.

329

ARTINE

René Char: Artine, Paris: Editions Surréalistes 1930;
mit Widmung an Sigmund Freud.

Ehrenfels, Christian: Die Stürmer. Drei Chordramen. Brünn: Winiker Schickart 1905, 234 S., mit Widmung des Verfassers an Sigmund Freud: „Herrn Prof. Dr. Freud in Freundschaft vom Verf."

Furrer, Albert: Der Auffassungsvorgang beim Rorschach'schen psychodiagnostischen Versuch. Zürich: Buchdruckerei zur Alten Universität 1930, 61 S., auf dem Titelblatt handschriftlich: „Herrn Professor Sigm. Freud überreicht in dankbarem Gedenken vom Verfasser."

Goethe, Johann W. von: Sämmtliche Werke, vollständige Ausgabe in 6 Bänden. Stuttgart: Cotta'scher Verlag 1860.

Henning, Dr. Hans: Einsteins Relativitätslehre im Lichte der experimentellen Psychologie und des philosophischen Realismus. Leipzig: Joh. Ambrosius Barth 1922.

Heller, Theodor: Studien zur Blindenpsychologie. Leipzig: Verlag von Wilhelm Engelmann 1904, 136 S., handschriftlich auf Titelblatt: „Herrn Professor Dr. Freud verehrungsvoll überreicht vom Verf."

Heine, Heinrich: Sämmtliche Werke in 12 Bänden. Hamburg: Hoffmann und Campe 1885.

Hollós, István: Hinter der gelben Mauer. Von der Befreiung des Irren. Stuttgart: Hippokrates Verlag 1928, 170 S., mit Widmung von Hollós auf Titelblatt: „Herrn Professor Freud, Budapest 7. 1. 1928 Dr. Hollós."

Ibsen, Henrik: Sämtliche Werke. 5 Bde., hrsg. v. Julis Elias und Paul Schlenther. Berlin: S. Fischer 1907.

Insel-Almanach auf das Goethejahr 1932. Leipzig: Insel-Verlag 1932, 223 S.

Jouve, Pierre Jean: Kyrie. Paris: GLM 1938, zahlr. Ill., mit Widmung des Verfassers an Freud: „pour Sigmund Freud avec l'hommage aussi éclatant et profond que possible à en Homme Juste

dans les ténèbres. avril 1938 Pierre Jean Jouve."

Krafft-Ebing, Richard Freiherr von: Arbeiten aus dem Gesammtgebiet der Psychiatrie und Neuropathologie. Heft I, Heft II, Heft IV. Leipzig: Johann Ambrosius Barth 1897/1899. Ex libris: Dr. Freud, mit Widmungen vom Verfasser in allen drei Heften.

Lessing, Gotthold Ephraim: Lessings sämmtliche lyrische, epische und dramatische Werke und seine vorzüglichen Prosaschriften. Leipzig: Karl Prochaska o. J., 424 S.

Levi, Giulio A.: Il Comico. Genova: A. F. Formiggini 1913, 134 S., auf Umschlag handschriftlich: „Freud".

Mussolini, Benito / Forzano, Giovacchino: Hundert Tage (Campo die Maggio). Drei Akte in neuen Bildern. Übers.

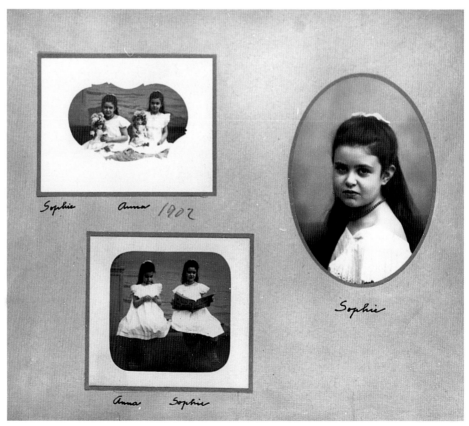

339 A

von Géza Herczeg. Berlin, Leipzig, Wien: Paul Zsolnay Verlag 1933, 140 S., 1 Ill., mit Widmung von Forzano: „A Sigmund Freud che renderà migliore il mondo, con ammirazione e riconoscenza, Vienna 26 ap. 1932 XIo", und Widmung des Übersetzers an den Schauspieler Werner Krauss.

Romanische Meistererzähler. Hrsg. von Friedrich S. Krauss, IV. Band: Die Schwänke und Schnurren des Florentiners Gian-Francesco Poggio Bracciolini. Übersetzung, Einleitung und Anmerkungen von Alfred Semerau. Leipzig: Deutsche Verlagsactiengesellschaft 1905, 244 S., auf dem Umschlag handschriftlich: „Dr. Freud".

Schiller, Friedrich: Sämmtliche Werke in 12 Bänden. Stuttgart, Tübingen: Verlag der Cotta'schen Buchhandlung 1838.

332A–D. (O) 4 Sessel aus dem Besitz Sigmund Freuds, die ursprünglich als Eßzimmersessel dienten.
333. (O) Intarsientisch aus dem Besitz Anna Freuds.
334. (O) Sessel mit geflochtener Sitzfläche aus dem Besitz Anna Freuds.
335. (O) Anna Freud um 1912.
336. Anna Freud, Berlin 1928, Originalphotographie von Jenia Brinitzer.
337. Anna Freud, 1950.
338. Anna Freud, Berlin 1928, Originalphotographie von Jenia Brinitzer.
339A–C. (O) Drei Albumblätter mit Bildern der Kinder Sigmund Freuds.
Mein jüngstes Mädchen, damals neunzehn Monate alt, hatte eines Morgens erbrochen und war darum den Tag über nüchtern erhalten worden. In der Nacht, die diesem Hungertag folgte, hörte man sie erregt aus dem Schlaf rufen: Anna Freud, Er(d)beer, Hochbeer, Eier(s)peis, Papp. Ihren Namen gebrauchte sie damals, um die Besitzergreifung auszudrücken; der Speisezettel umfaßte wohl alles, was ihr als begehrenswerte Mahlzeit erscheinen mußte; daß die Erdbeeren darin in zwei Varietäten vorkamen, war eine Demonstration gegen die häusliche

Anna Freud um 1910.

Anna Freud um 1920.

EINFÜHRUNG IN DIE
TECHNIK DER
KINDERANALYSE

VON

ANNA FREUD

INTERNATIONALER
PSYCHOANALYTISCHER VERLAG
WIEN

Erstausgabe der „Einführung in die Technik der Kinderanalyse", 1927.

Sanitätspolizei und hatte seinen Grund in dem von ihr wohl bemerkten Nebenumstand, daß die Kinderfrau ihre Indisposition auf allzu reichlichen Erdbeergenuß geschoben hatte; für dies ihr unbequeme Gutachten nahm sie also im Traume ihre Revanche. (Sigmund Freud)

340. Bücherkasten: Im oberen Teil eine Auswahl aus der Bibliothek Anna Freuds – 1990 nach Wien übernommen – mit z. B. den Cahiers von Marie Bonaparte, Erstausgaben der Schriften Anna Freuds und Widmungsexemplaren bekannter Schriftsteller.

Im unteren Teil eine Auswahl an Büchern von Sigmund Freud: Erstausgaben, Zeitschriften, Übersetzungen und Widmungsexemplaren aus dem Bestand der Sigmund Freud-Haus-Bibliothek.

341. Anna Freud, Photo von Max Halberstadt.

342. Anna Freuds Arbeitszimmer, photographiert 1938 von Edmund Engelman.

343. Anna Freud und Ernst Freud-Halberstadt in Hochrotherd 1934. *Das*

bei weitem energiereichste Familienmitglied war jedoch Anna Freud und ihr treuer, von Kraft strotzender Schäferhund Wolfi. Schon allein ihre Intelligenz hätte sie in jedem Haushalt zum Star ge-

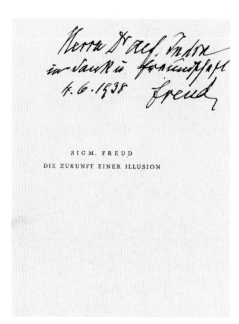

SIGM. FREUD
DIE ZUKUNFT EINER ILLUSION

Sigmund Freud: Die Zukunft einer Illusion, mit Widmung an Alfred Indra vom 4.6.1938, dem Tag, an dem die Familie Freud Wien verlassen mußte.

macht, aber angesichts ihrer vielen anderen Talente war sie für uns Kinder umso bemerkenswerter. Für mich war sie nicht nur eine Pflegemutter, sondern auch ein Schutzengel, dem ich mein Leben ohne weiteres anvertrauen konnte. (W. Ernst Freud)

344. Anna Freud und August Aichhorn in Lausanne 1947. *Wie allen Laienanalytikern fehlt mir die medizinische Ausbildung. Ich teile darüber hinaus mit einigen wenigen noch lebenden Analytikern meiner Generation die Eigentümlichkeit, daß wir unsere analytische Ausbildung zu einer Zeit erfahren haben, als noch keine offiziellen analytischen Lehrinstitute bestanden. Unsere Ausbildung erfolgte durch unsere persönlichen Analytiker, durch ausgedehnte Lektüre, durch unsere eigenen, unkontrollierten Versuche mit unseren ersten Patienten und durch regen Gedanken- und Erfahrungsaustausch mit älteren und gleichaltrigen Kollegen. (Anna Freud)*

345. Anna Freud und Ludwig Jekels (o. J.).

346. Anna Freud mit Ernst Freud,

338

347

Mathilde Hollitscher (geb. Freud) und Martin Freud in London 1956.

347. Josefine Stross, Anna Freud und Dorothy Burlingham am Graben in Wien, 1972. *Ich erinnere mich in diesem Zusammenhang an eine Einstellung aus meiner fernen Vergangenheit. In der Zeit vor dem selbständigen Lesen, in der man Kindern Geschichten erzählt und vorliest, wollte ich nur Geschichten hören, die „wirklich passieren" konnten. [...] Sobald Tiere zu reden begannen oder Feen und Hexen oder Gespenster erschienen – kurz, bei allen unrealistischen oder übernatürlichen Vorkommnissen –, ließ mein Interesse nach und schwand. Zu meinem eigenen Erstaunen habe ich mich in dieser Hinsicht nicht sehr verändert. (Anna Freud)*

348. Anna Freud und Dorothy Burlingham bei der Sigmund Freud-Vorlesung in Wien, 1978. *Am schlimmsten aber steht es um meinen Lebenslauf, der mir niemals abverlangt wurde. Nicht, daß ich dieses Versäumnis bedauern würde – im Gegenteil, ich betrachte es als eine glückliche Fügung, denn mein Lebenslauf ist ungewöhnlich, von einer Art, wie ihn keine anständige Universität zweimal ansieht. (Anna Freud)*

349. Anna Freud beim dritten psychoanalytischen Samstag der Sigmund Freud-Gesellschaft in Wien 1980. *Vielen Dank für den Brief zum Geburtstag und für die interessante Seite, die mein erstes Auftreten in der Vereinigung [WPV] zeigt. Damals hätte ich nicht gedacht, daß ich einmal 85 Jahre alt sein werde. Ich war so lange die Jüngste, daß ich mich sehr allmählich daran gewöhnen mußte, überall die Älteste zu sein. (An Ernst und Hilde Federn, 12. 12. 1980)*

350. Anna Freud um 1914.

351. Anna Freud in den sechziger Jahren.

ANHANG

INGE SCHOLZ-STRASSER

ZITATNACHWEIS

2. GW I, S. 542.

4. Briefe 1873–1939, S. 425.

13. Brautbriefe, S. 136.

14. GW II/III, S. 589.

15. Ebd.

16. GW Nachtragsbd., S. 46; GW II/III, S. 202 f.

17. GW II/III, S. 198.

27. GW X, S. 205.

28. GW Nachtragsbd., S. 733 f.

29. GW II/III, S. 202.

30. Ebd., S. 450.

31. Briefe 1873–1939, S. 392 f.

32. Jugendbriefe an Silberstein, S. 48.

33. Briefe 1873–1939, S. 6.

34. Festschrift des k. k. Erzherzog Rainer-Real-Gymnasiums in Wien aus Anlaß seines 50 Jahre andauernden Bestehens. – Wien, 1914, S. IV.

37. GW XIV, S. 34.

38. Briefe 1873–1939, S. 6 f.

39. „Selbstdarstellung", S. 123.

40. GW XIV, S. 34; „Selbstdarstellung", S. 116.

43. GW Nachtragsbd., S. 47.

46. GW XIV, S. 432, Anm. 2.

47. Freud, Leben in Bildern und Texten, S. 82.

49. GW II/III, S. 218.

50. GW XIV, S. 35, GW Nachtragsbd., S. 764; vgl. „Selbstdarstellung", S. 41.

51. GW XIV, S. 35.

52. Brautbriefe, S. 15 f.

53. John Stuart Mill: Über Frauenemancipation. Plato. Arbeiterfrage. Socialismus / übersetzt von Siegmund Freud. – Leipzig: Fues's, 1880 (John Stuart Mill's Gesammelte Werke, Bd. 12). S. 11.

54. GW XIV, S. 35.

55. Brautbriefe, S. 60.

57. Freud, Beobachtungen über Gestaltung und feineren Bau der als Hoden beschriebenen Lappenorgane des Aals. – Aus: Sitzungsbericht Akad. Wiss., Wien, Bd. 75, 1877, S. 1.

58. GW I, S. 464.

59. Ebd., S. 465.

60. Briefe 1873–1939, S. 15.

62. GW Nachtragsbd., S. 47; Brautbriefe, S. 29, 31.

63. Jones, Bd. 1, S. 89.

64. GW Nachtragsbd., S. 47.

68. Brautbriefe, S. 57.

69. J. F. Wagner: Orientirungs-Plan des Wiener k. k. allgemeinen Krankenhauses nebst Daten über dasselbe, über das Gebärhaus und die pathologisch-anatomische Anstalt in Wien. Mit Grundrissen der pathologisch-anatomischen Anstalt. – Wien: Verlag von Josef Šafár, 1886. S. 3.

70. Brautbriefe, S. 11.

71. Ebd., S. 136.

72. Ebd., S. 84.

73. Ebd., S. 82.

74. Ausgewählte Texte, S. 115.

75. Wiener Medizinische Wochenschrift, Bd. 37, 1887, S. 929.

78. GW XIV, S. 38 f.

79. GW II/III, S. 176.

80. Sophokles: Tragödien. Übertragen von Roman Woerner. – Leipzig: Insel-Verlag, 1937.

82. Brautbriefe, S. 101.

83. Ebd., S. 98 f.

84. Ausgewählte Texte, S. 106.

85. GW Nachtragsbd., S. 48; statt „Concurs" hier: „Konkurs".

86. Brautbriefe, S. 117.

87. Ebd., S. 131.

88. GW X, S. 51.

89. Brautbriefe, S. 119.

90. Briefe 1873–1939, S. 191 f.

91. GW I, S. 470.

92. GW Nachtragsbd., S. 43 f.

97. Jones, Bd. 1, S. 166.

98. Brautbriefe, S. 147

99B. Briefe, 1873–1939, S. 228.

100. Ebd.

101. J. M. Charcot: Neue Vorlesungen über die Krankheiten des Nervensystems, insbesondere über Hysterie / Autorisirte deutsche Ausgabe von Dr. Sigm. Freud. – Leipzig und Wien: Toeplitz & Deuticke, 1886. S. IV.

102. GW XIV, S. 39.

103. Brautbriefe, S. 127.

107. Briefe 1873–1939, S. 228.

108. Österreichisches Staatsarchiv, Kriegsarchiv.

109. GW XIV, S. 39.

110. Briefe 1873–1939, S. 231.

111. Sigmund Freud-Haus-Archiv, Sammlung Sigmund Freud 20/1.

112. Briefe an Fließ, S. 14; Briefe 1873–1939, S. 238 f.

114. GW XIV, S. 38.

115. Ebd., S. 41.

116. Briefe an Fließ, S. 10 f.

120. Brautbriefe, S. 97.

121. GW I, S. 475.

122. Ebd., S. 476.

123. Briefe an Fließ, S. 291.

124. Briefe 1873–1939, S. 238.

125. Ebd., S. 239.

126. Sammlung Leupold-Löwenthal, Wien.

128. Briefe an Fließ, S. 212; GW II/III, S. X.

130. GW I, S. 35.

131. GW Nachtragsbd., S. 39.

132. Briefe an Fließ, S. 226.

133. Freud/Andreas-Salomé, Briefwechsel, S. 270.

135. GW I, S. 435.

140. Alfred Freiherr von Berger: Seelenchirurgie. In: Neue Freie Presse, 2. 12. 1895 [?], zitiert nach Jones, Bd. 1, S. 299.

141. Briefe an Fließ, S. 67.

142B. Ebd., S. 458; Ansprache zur Denkmalenthüllung am 6. Mai 1977 von Dr. Anna Freud, Typoskript Sigmund Freud-Haus-Archiv, Sammlung Anna Freud 29/29.

143. GW II/III, S. 1.

144. Briefe an Fließ, S. 480.

146. Sigmund Freud: Három értekezés. A szexualitás elméletéröl / übers. v. Sándor Ferenczi. – Budapest: Dick Manó Kiadása, 3. Aufl. 1915. S. 3.

147. GW VI, S. 269.

153. GW I, S. 519.

155. Österreichisches Staatsarchiv, Allgem. Verwaltungsarchiv, Minist. f. Cultus u. Unterricht 4 med. Wien: Schattenfroh, Nr. 7163/1902.

156. Briefe an Fließ, S. 503.

157. GW X, S. 63 f.

161. Briefe 1873–1939, S. 271.

164. Ebd., S. 289.

166. Freud/Abraham, Briefe, S. 46.

168. GW X, S. 270.

171. Öffentliche Vorlesungen an der k. k. Universität zu Wien im Wintersemester 1905/06.

172. GW X, S. 87.

178. Ebd., S. 85.

179. Freud/Pfister, Briefe, S. 54.

180. Briefe 1873–1939, S. 303.

181. Ebd., S. 303 f.

184. GW XVI, S. 45.

186. Briefe 1873–1939, S. 431.

187. Freud/Abraham, Briefe, S. 165.

189. GW XVI, S. 270.

190. Briefe 1873–1939, S. 290.

191. Jones, Bd. II, S. 418 f.

192. Freud/Abraham, Briefe, S. 142.

193. GW X, S. 158.

194. Freud/Abraham, Briefe, S. 180.

195. Ebd., S. 227.

195B. Sigmund Freud Archives, Library of Congress, Washington; auf deutsch nicht veröffentlicht, auf englisch in: Martin Freud: Glory Reflected. Sigmund Freud – Man and Father. – London u. a.: Angus and Robertson, 1957. p. 181.

197. Jones, Bd. II, S. 240 f.

198. Österreichisches Staatsarchiv, Allgem. Verwaltungsarchiv, Minist. f. Cultus u. Unterricht 4 med: Lorenz, Nr. 27712/19; Freud/Abraham, Briefe, S. 282.

201. Briefe 1873–1939, S. 362.

202. Freud/Pfister, Briefe, S. 81 f.

203. Unveröffentlichter Brief an Paul Adler, 7. 11. 1920, Sigmund Freud-Haus-Archiv, Sigmund Freud 21/39; Brief an Sándor Ferenczi, 2. 1. 1912, Österreichische Nationalbibliothek, Handschriftensammlung, Autogr. 1053/12–1, veröffentlicht: Sigmund Freud – Sándor Ferenczi: Briefwechsel, Bd. I/II, hrsg. v. Eva Brabant u. a. – Wien: Böhlau 1993. S. 30.

204. GW XIII, S. 66, Anm. 1; Freud/Andreas-Salomé, Briefwechsel, S. 109.

205. Freud/Abraham, Briefe, S. 291.

206. Julius Wagner-Jauregg: Lebenserinnerungen/ hrsg. u. erg. v. L. Schönbauer u. M. Jantsch. – Wien: Springer-Verlag, 1950. S. 72 f.

207. GW XIII, S. 100.

208. Im englischen Original lautet die Briefstelle: „I feel very proud of the Congress and as I proclaimed in my improvisation highly relieved by the conviction, that men like you, Ferenczi, Abraham, Rank, etc. are apt and ready to supplant me. The remainder of my time and powers I will have to devote to the duty of providing for my family, that is to say to making money, but if scientific interest, which just now is asleep with me, gets aroused in the course of time I may still be able to bring some new contribution to our unfinished work." SFC; unveröffentlicht, Verweis bei Jones, Bd. 3, S. 44.

209. Groddeck/Freud, Briefwechsel, S. 81.

210. GW XIII, S. 237.

211. Hanns Sachs: Freud, Meister und Freund. – London: Imago, 1950. S. 140.

213. Kurt Tucholsky: Elf Bände, die die Welt erschütterten. In: Almanach der Psychoanalyse, 1932, S. 13 f.; Hermann Hesse: Erinnerung an Lektüre. In: Die Neue Rundschau 36, Sept. 1925, S. 966; GW I, S. V.

214. Briefe 1873–1939, S. 357.

215. Sigmund Freud: Briefe an Arthur Schnitzler. – In: Neue Rundschau 66 (1955), S. 95.

216. Freud/Andreas-Salomé, Briefwechsel, S. 136.

217. Briefe 1873–1939, S. 363.

218. Ebd., S. 381 f.

223. Sigmund Freud-Haus-Archiv, Sammlung Sigmund Freud 20/38.

224. Freud/Abraham, Briefe, S. 338.

226A. GW XIV, S. 96.

227. Ebd., S. 285.

228. Ebd., S. 378 f.

229. Freud/Andreas-Salomé, Briefwechsel, S. 205; Freud/Zweig, Briefwechsel, S. 65.

230. Rede von Dr. Federn, in: Psychoanalytische Bewegung 3. Jg., 1931, Heft 6, S. 565; Einladung zur *feierlichen Enthüllung* einer *Gedenktafel* für Professor Dr. *Sigmund Freud* an seinem Geburtshause in *Příbor-Freiberg* – Mähren, Zámečnická ulice 117, welche Sonntag den 25. Oktober 1931 in Příbor-Freiberg von 10–11 Uhr vormittags stattfinden wird. *Příbor-Freiberg* am 1. Oktober 1931 (Kopie: Sigmund Freud-Haus-Archiv, Sammlung Paul Federn 31/130).

232. Freud und die Folgen (I). Von der klassischen Psychoanalyse ... /hrsg. v. Dieter Eicke. – Zürich: Kindler, 1976. S. 84 (Die Psychologie des 20. Jahrhunderts, Bd. II).

234. Brief an Sándor Ferenczi, 8. 5. 1921, Österreichische Nationalbibliothek, Handschriftensammlung, Autogr. 1053/38–4.

235. Briefe 1873–1939, S. 379.

236. GW XIV, S. 547.

238. Gegen Psychoanalyse. Heft 11 der Süddeutschen Monatshefte; 28. Jg., 1931. S. 761.

239. Jones, Bd. 3, S. 220.

240. GW XIV, S. 430.

242. Briefe 1873–1939, S. 420; ebd. S. 458.

246. Freud, Leben in Bildern und Texten, S. 282; Jones, Bd. III, S. 218.

247. GW XV, S. 3.

248. GW XVI, S. 26.

249. Sigmund Freud-Haus-Archiv, Sammlung Sigmund Freud 20/63.

250. Freud/Zweig, Briefwechsel, S. 141.

251. Briefe 1873–1939, S. 446.

252. Ebd., S. 458.

253. Freud/Zweig, Briefwechsel, S. 116.

254. Ebd., S. 142 f.

256. Thomas Mann: Freud und die Zukunft. – Wien: Bermann-Fischer, 1936. S. 41.

257. Freud/Zweig, Briefwechsel, S. 137.

259. Doolittle, S. 85.

260. Ernest Jones: Die Zukunft der Psychoanalyse. – In: Internationale Zeitschrift für Psychoanalyse 23 (1937), S. 242; vgl. dazu auch: Richard F. Sterba: Erinnerungen eines Wiener Psychoanalytikers. – Frankfurt am Main: Fischer Taschenbuch Verlag, 1985. S. 158 f.

261. GW XVI, S. 68.

262. GW XIII, S. 144; Freud/Zweig, Briefwechsel, S. 167.

265. Max Schur: Sigmund Freud. Leben und Sterben. – Frankfurt am Main: Suhrkamp, 1973. S. 582.

267. Briefe 1873–1939, S. 461.

268. Ebd., S. 462.

269. Freud/Zweig, Briefwechsel, S. 173.

270. GW XVI, S. 253, 256.

271. Briefe 1873–1939, S. 465.

273. Deakin University, Victoria, Australia.

274. Ebd., S. 469.

280. Ebd., S. 474.

281. Marie Bonaparte: Freud, ein Gipfelpunkt menschlichen Denkens. – In: Freies Österreich (La libre Autriche), Heft 1. Paris, 1940. S. 23.

282. Briefe 1873–1939, S. 474.

283. GW Nachtragsbd., S. 749.

284. Briefe 1873–1939, S. 476.

289. GW XVI, S. 103.

292. GW XVI, S. 91 f.

299. GW XIII, S. 435 f.

301. Freud/Abraham, Briefe, S. 335.

305. Brief an Sándor Ferenczi, 2. 1. 1927, Österreichische Nationalbibliothek, Handschriftensammlung, Autogr. 1054/1–1.

311. Briefe 1873–1939, S. 417 f.

315C. Brief an Sándor Ferenczi, 24. 5. 1913, Österreichische Nationalbibliothek, Autogr. 1053/17–6, veröffentlicht: Sigmund Freud – Sándor Ferenczi: Briefwechsel, Bd. I/2, S. 222.

316. Jones, Bd. 2, S. 448.

324D. Brief an Sándor Ferenczi, 22. 10. 1909, Österreichische Nationalbibliothek, Handschriftensammlung, Autogr. 1053/4–3, veröffentlicht: Sigmund Freud – Sándor Ferenczi: Briefwechsel, Bd. I/1, S. 149.

324H. Briefe 1873–1939, S. 463 f.

326. Detlef Berthelsen: Alltag bei Familie Freud. Die Erinnerungen der Paula Fichtl. Nachwort von Friedrich Hacker. – Hamburg: Hoffmann und Campe, 1987. S. 29.

328. Doolittle, S. 35.

330. Kopie in Sigmund Freud-Hausarchiv.

339A–C. GW II/III, S. 135.

343. W. Ernest Freud: Die Freuds und die Burlinghams in der Berggasse: Persönliche Erinnerungen. In: Sigmund Freud-Vorlesungen 1970–1988. Hrsg. v. Harald Leupold-Löwenthal und Inge Scholz-Strasser. – Wien: Böhlau 1989. S. 205.

344. Die Schriften der Anna Freud. Bd. X. – München: Kindler, 1980. S. 2090.

347. Ebd., Bd. IX, S. 2431.

348. Ebd., Bd. X, S. 2090.

349. Brief von Anna Freud an Ernst und Hilde Federn, 12. 12. 1980, Sigmund Freud-Haus-Archiv.

SIGLENVERZEICHNIS

GW: Sigm[und] Freud: Gesammelte Werke. Chronologisch geordnet / hrsg. v. Anna Freud u. a. 18 Bände sowie ein unnummerierter Nachtragsband. – Frankfurt am Main: S. Fischer, 1960 ff.

Briefe 1873–1939: Sigmund Freud: Briefe 1873–1939 / ausgew. u. hrsg. v. Ernst und Lucie Freud. – Frankfurt am Main: S. Fischer, 3., korr. Aufl. 1980.

Brautbriefe: Sigmund Freud: Brautbriefe. Briefe an Martha Bernays aus den Jahren 1882 bis 1886 / ausgew., hrsg. u. m. e. Vorw. vers. v. Ernst L. Freud. – Frankfurt am Main: Fischer Taschenbuch Verlag, 1988.

Jugendbriefe an Silberstein: Sigmund Freud: Jugendbriefe an Eduard Silberstein 1871–1881 / hrsg. v. Walter Boehlich. – Frankfurt am Main: S. Fischer, 1989.

„Selbstdarstellung": Sigmund Freud: „Selbstdarstellung". Schriften zur Geschichte der Psychoanalyse / hrsg. u. eingel. v. Ilse Grubrich-Simitis. – Frankfurt am Main: Fischer Taschenbuch Verlag, 1973ff.

Freud, Leben in Bildern und Texten: Sigmund Freud. Sein Leben in Bildern und Texten / hrsg. v. Ernst Freud, Lucie Freud u. Ilse Grubrich-Simitis. Mit einer biographischen Skizze von K. R. Eissler. – Frankfurt am Main: Suhrkamp, 1976.

SFH-Katalog: Sigmund Freud-Haus Katalog / hrsg. v. der Sigmund Freud-Gesellschaft, Wien, Berggasse 19. – Wien: Löcker & Wögenstein, 1975.

Jones: Ernest Jones: Das Leben und Werk von Sigmund Freud / übers. v. Katherine Jones. 3 Bände. – Bern u. Stuttgart: Huber, 1960ff.

Ausgewählte Texte: Sigmund Freud. Ausgewählte Texte / hrsg. v. Ingrid Kästner, Christina Schröder. – Berlin: Ueberreuter, 1990 (Wiener Studien zur Medizin, Geschichte und Philosophie 2).

Briefe an Fließ: Sigmund Freud: Briefe an Wilhelm Fließ 1887–1904. Ungekürzte Ausgabe / hrsg. v. Jeffrey Moussaieff Masson, Bearb. d. dt. Fassung v. Michael Schröter, Transkr. v. Gerhard Fichtner. – Frankfurt am Main: S. Fischer, 1986.

Freud/Andreas-Salomé, Briefwechsel: Sigmund Freud / Lou Andreas Salomé: Briefwechsel / hrsg. v. Ernst Pfeiffer. – Frankfurt am Main: S. Fischer, 1966.

Freud/Abraham, Briefe: Sigmund Freud / Karl Abraham: Briefe 1907–1926 / hrsg. v. Hilda C. Abraham u. Ernst L. Freud. – Frankfurt am Main: S. Fischer, 1965.

Freud/Pfister, Briefe: Sigmund Freud / Oskar Pfister: Briefe 1909–1939 / hrsg. v. Ernst L. Freud u. Heinrich Meng. – Frankfurt am Main: S. Fischer, 1963.

Groddeck/Freud, Briefwechsel: Georg Groddeck / Sigmund Freud: Briefwechsel. – Wiesbaden und München: Limes, 1985.

Freud/Zweig, Briefwechsel: Sigmund Freud / Arnold Zweig: Briefwechsel / hrsg. v. Ernst L. Freud. – Frankfurt am Main: S. Fischer, 1968.

Doolittle: H. D. (Hilda Doolittle): Huldigung an Freud. Rückblick auf eine Analyse. Mit den Briefen von Sigm. Freud an H. D. Mit einer Einleitung von Michael Schröter. – Frankfurt am Main u. a.: Ullstein, 1975 (Ullstein Buch 3217).

BILD- UND QUELLENNACHWEIS

Im folgenden sind jene Nummern angeführt, bei denen der Nachweis für das Original nicht das Sigmund Freud-Haus-Archiv, Wien, ist. Alle anderen Objekte sind im Besitz des Sigmund Freud-Haus-Archivs. All jene Photos, die mit Legenden versehen sind und keinen Bildnachweis aufführen, stammen aus dem Sigmund Freud-Haus-Archiv. Soweit rekonstruierbar, wird bei Abbildungen der Standort des Originals, bei Fotokopien und Faksimiles der Aufbewahrungsort angegeben. Soweit publiziert, wird bei Manuskripten, Separata und sonstigen Druckschriften die Veröffentlichung zitiert.

1. Sammlung Leupold-Löwenthal, Wien.

3. Originalantike im Freud Museum, London.

5. Original im Freud Museum, London.

6. Original im Freud Museum, London.

8. Die Israelitische Bibel. Enthaltend: Den heiligen Urtext, die deutsche Uebertragung, die allgemeine, ausführliche Erläuterung mit mehr als 500 englischen Holzschnitten / hrsg. v. Dr. Ludwig Philippson. Erster Theil: Die fünf Bücher Moscheh. – Leipzig: Baumgärtner's, 2. Ausgabe 1858. Original im Freud Museum, London.

9. w. o.

12. SFA.

14. Ägyptische Gottheiten „Pyhre", „Pooh", „Thoh", „Knouphis-Nilus" im 1. Theil (2. Ausg. 1858), S. 871 (zu 5. Moses 4, Vers 15–31); „Bahre. Von einem Basrelief in Theben" (zu 2. Samuel 3, Vers 31–35) im 2. Theil (2. Ausg. 1858), S. 394; „Aegyptische Fähre. Von einer Skulptur, die das Todtengericht darstellt" (zu 2. Samuel 3, Vers 17–20) im 2. Theil (2. Ausg. 1858), S. 459. Vgl. dazu Marianne Krüll: Freud und sein Vater. Die Entstehung der Psychoanalyse und Freuds ungelöste Vaterbindung. Mit einem Geleitwort von Helm Stierlin. – Frankfurt am Main: Fischer Taschenbuch Verlag, 1992. S. 233 ff. Original im Freud Museum, London.

15. Original im Freud Museum, London.

17. BÖN.

18. Original verschollen.

20. Original im Freud Museum, London.

26. BÖN.

27. BÖN.

29. Aus: Rom. Anfang, Fortgang, Ausbreitung und Verfall des Weltreiches der Römer. Für Freunde des klassischen Alterthums, insbesondere für die deutsche Jugend / bearb. von Dr. Wilhelm Wägner. – Leipzig: Otto Spamer, 1863. 2. Bd., S. 49.

30. Aus: K. G. v. Berneck: Die Welt in Waffen, II.: Kriegswesen und Kriegsführung in der neueren Zeit. – Leipzig u. Berlin, 3. Aufl. 1870 (Otto Spamer's Illustrirte Jugend- und Hausbibliothek N. F.). S. 43.

31. Archiv der Österreichischen Arbeiterbewegung.

33. Original Sigmund Freud-Gymnasium Wien II., Wohlmuthstraße.

37. BÖN.

38. Aus: Über Land und Meer. Allgemeine Illustrirte Zeitung / hrsg. v. F. W. Hackländer. XVI. Jg., 1. Bd., Nr. 5, S. 88.

39. BÖN.

40. BÖN.

41. Original Archiv der Universität Wien.

42. Original Archiv der Universität Wien.

43. BÖN.

46. Siehe dazu: Otto Nöldeke: Wilhelm Busch Gesamtausgabe. – München: Braun & Schneider, 3. Aufl. 1955, Bd. 5, S. 32, 68, 8. Original Freud Museum, London.

47. Original: Archiv der Universität Wien, Phil. Dek. Akt 382 ex 1875/76.

49. Aus: Victor Adlers Aufsätze, Reden und Briefe. VI. Heft: Victor Adler der Parteimann. – Wien: Verlag der Wiener Volksbuchhandlung, 1929.

50. BÖN.

51. BIGM.

52. BÖN.

54. Universitätsarchiv Wien.

57. Aus: Sitzungsbericht Akad. Wiss., Wien, Bd. 75, 1877. Neurologisches Institut der Universität Wien.

58. Aus: Sitzungsbericht Akad. Wiss., Wien, Bd. 78, 1878.

59. Aus: Zbl. med. Wiss., Bd. 17, 1879.

60. BÖN.

61. BÖN.

62. BÖN.

63. BIGM.

64. BIGM.

65. Nach dem Original von Ernst Koerner (1906), 59 x 38,5 cm, Reproduktion von Franz Hanfstaengl (1907), 68 x 95 cm. Aquarell Freud Museum, London.

68. SFA.

69. Sammlung Leupold-Löwenthal, Wien.

72. Aus: Zbl. ges. Ther., Bd. 2, 1884.

73. Archiv der Fa. Merck, Darmstadt.

74. Aus: Wiener med. Wschr., Bd. 35, 1885. Neurologisches Institut der Universität Wien.

78. Ueber Cocain. Inaugural-Dissertation von Willy Merck, Darmstadt. – Kiel: C. F. Mohr, 1886. Original Archiv der Fa. Merck, Darmstadt.

79. BÖN.

80. Das Original von „Ödipus und die Sphinx", 1808, von Jean-Auguste-Dominique Ingres, befindet sich im Louvre, Paris. Der Stich befindet sich im Freud Museum, London.

81. Original im Vatikan, Museo Chiaramonti Sekt. VII/2. Siehe dazu: F. Hauser: Disiecta membra neuattischer Reliefs, in: Jahreshefte d. österr. archäolog. Instituts, Bd. VI, Heft 1, 1903.

82. Aus: Die Privatheilanstalt für Gemüths- und Nervenkranke zu Ober-Döbling bei Wien. – Wien: Czermak, 1876.

83. BÖN.

84. In: Jb. Psychiat. Neurol., Bd. 5, 1884.

85. Universitätsarchiv Wien.

86. Das Gemälde von Brouillet hängt im Museum von Nizza; Lithographie Freud Museum, London.

87. Bibliothèque nationale, Paris.

88. Freud Museum, London.

90. Freud könnte diese Karten bei seinem Paris-Besuch im März 1930 gekauft haben.

91. Aus: Mschr. Ohrenheilk. N. F., Bd. 20, 1886. Neurologisches Institut der Universität Wien.

92. BÖN.

95. BÖN.

96. BÖN.

98. BÖN.

99A+B. SFA.

100. Reichert-Fabrikat um 1880 mit 7 losen Einzelteilen, in Eichenholzkasten Nr. 4791 mit passendem Schlüssel. 2 Mikrotommesser, W. Walb-Fabrikat, Heidelberg um 1880 mit Schatulle.

101. Sammlung Leupold-Löwenthal, Wien.

102. Aus: Wiener med. Wschr., Bd. 36, 1886. Neurologisches Institut der Universität Wien.

103. Aus: Neurol. Zbl., Bd. 5, 1886.

104. Gesellschaft der Ärzte, Wien.

107. BÖN.

111. Adressiert an: Bernays/Pension Tschoner, Meran; aufgegeben am 17. 10. 1887, 8. 55. Sigmund Freud-Haus-Archiv, Sammlung Sigmund Freud 20/1.

114. Neurologisches Institut der Universität Wien.

118. Edmund Engelman, Wien IX., Berggasse 19. – Wien: Edition Christian Brandstätter, 1993.

121. Aus: Zschr. Hypnot., Bd. 1, 1892–93.

122. Aus: Neurol. Zbl., Bd. 12, 1893.

125. Sammlung Leupold-Löwenthal, Wien.

126. Sammlung Leopold-Löwenthal, Wien.

129. BÖN.

130. In: Wiener med. Wschr., Bd. 43, 1893.

132. Sammlung Leupold-Löwenthal, Wien.

134. BÖN.

135. In: Wiener klin. Rdsch., Bd. 10, 1896. Neurologisches Institut der Universität Wien.

136. In: Rev. Neurol., Bd. 4, 1896. Neurologisches Institut der Universität Wien.

139A. Österreichisches Kriegsarchiv, Commission zur Erhebung militärischer Pflichtverletzungen, Karton 15, 1919 B 138.

139B. SFA.

144. Aus: Wschr. Psychiat. Neurol., Bd. 10, 1901.

151. Photograph: S. Schramm.

152. Original Universitätsarchiv Wien, Med. Dek. Akt 548 ex 1896/97.

153. In: Mschr. Psychiat. Neurol., Bd. 4, 1898.

156. Original Österreichisches Staatsarchiv, HHSTA, Kabinettsarchiv Varia Kart. 67, fol. 1–16 (Audienzliste Nr. 41 vom 13. Oktober 1902).

158. Aus: Mschr. Psychiat. Neurol., Bd. 6, 1899.

162. Neurologisches Institut der Universität Wien.

164. BÖN.

165. Original SFA.

166. Original SFA.

167. Freud Museum, London.

170. BÖN.

171. SFA.

173. Freud Museum, London

177. Freud Museum, London.

183. Neurologisches Institut der Universität Wien.

185. Original Freud Museum, London.

191. BÖN.

193. Aus: Jb. Psychoanal., Bd. 6, 1914.

194. Sammlung Leupold-Löwenthal, Wien.

197. BÖN.

198. Original Österreichisches Staatsarchiv, Allgem. Verwaltungsarchiv, Minist. f. Cultus u. Unterricht 4 med: Lorenz, Nr. 27712/19.

206. BIGM.

214. Herkunft unbekannt.

222. Original Freud Museum, London.

226A. In: Die Medizin der Gegenwart in Selbstdarstellungen / Hrsg. L. R. Grote. – Leipzig: Felix Meiner, 1925 (4. Bd.). Als Einzelausgabe erschien die „Selbstdarstellung" 1934.

230. Photo Hilscher, Institut für Zeitgeschichte, Wien.

254. Siehe dazu: Jones, Bd. 3, S. 101, 247; Molnar, Diary, p. 269; David Paul Königsberger: Porträtsitzungen mit Sigmund Freud, in: Die Zeitung, London, 5. 5. 1941.

236. In: Die psychoanalytische Bewegung, Bd. 2. – Wien: Internat. Psychoanalyt. Verlag, 1930.

237. Wiener Köpfe in der Karikatur. Zeichnungen von Carl Hollitzer und Alfred Gerstenbrand, Worte von Julius Bauer. – Concordiaball, 6. Februar 1928.

239. Siehe dazu: Thomas Michael Ruprecht: Felix Boenheim. Arzt, Politiker, Historiker. Eine Biographie. – Hildesheim u. a.: Georg Olms, 1992. S. 165ff.

246. Sammlung Leupold-Löwenthal, Wien.

250. Sammlung Leupold-Löwenthal, Wien.

258. Aus: Der Morgen, Wiener Montagsblatt, 4. Mai 1936, 27. Jg., Nr. 18.

259. BÖN.

261. In: Internat. Zschr. Psychoanal., Bd. 23, 1937, Heft 4.

262. BÖN.

265. Edmund Engelman, Wien IX, Berggasse 19. – Wien: Edition Christian Brandstätter, 1993.

266. Sammlung Leupold-Löwenthal, Wien.

271. Vgl. Stefan Zweig: Über Sigmund Freud. – Frankfurt am Main: Fischer Taschenbuch, 1989. S. 181 f.; Salvador Dalí: The Secret Life of Salvador Dalí. 1942. S. 24, 184. Original Nachweis unbekannt.

272. Salvador Dalí, Erben.

273. Das Gemälde von Klimt hängt in München, Bayerische Staatsgemäldesammlungen, Neue Pinakothek.

278. In: Die Zukunft: Ein neues Deutschland: ein neues Europa, Nr. 7. Paris, 25. 11. 1938. SFA.

281. Vgl. Molnar, Diary, p. 100, 196; siehe dazu auch: Ernst Federn: Thirty Five Years with Freud. – Vermont: Brandon, 1972 (Clinical Psychology Publ.), p. 19 f.; Oscar Némon: How I Made the Bust of Freud, in: Hendrik Ruitenbeek: Freud as we knew him. – Detroit: Wayne State University Press, 1973, p. 290.

283. In: Internat. Zschr. Psychoanal. Imago, Bd. 25, 1940.

289. Das Gemälde von Rembrandt hängt in Berlin, Staatl. Museen, Preuß. Kulturbes., Gemäldegalerie.

293. Das Gemälde (1. Fassung 1781) befindet sich im Detroit Institute of Art.

294. Original Freud Museum, London.

295. Original Freud Museum, London.

297. Original Freud Museum, London.

300. Original Freud Museum, London.

301. Original Freud Museum, London.

302. Original Freud Museum, London.

303. Original Freud Museum, London.

304. Original Freud Museum, London.

308. Original Freud Museum, London.

309. Vgl. GW IV, S. 76; siehe auch: Henry Viets: Aphasia as Described by Linnaeus and as Painted by Ribera, in: Bull. Hist. Med. 13 (1943), pp. 328–333.

311. Original Freud Museum, London.

326. Edmund Engelman, Wien IX, Berggasse 19. – Wien: Edition Christian Brandstätter, 1993.

330. Ferdinand Schmutzer (1870–1928) schuf insgesamt zwei Radierungen von Freud, im Mai 1918 und im Mai 1926 (siehe Jones, Bd. 2, S. 236; Bd. 3, S. 152).

SIGLENVERZEICHNIS

SFC: Sigmund Freud Copyrights, Ltd., Wivenhoe.

SFA: Sigmund Freud Archives (Sigmund Freud Collection, Manuscript Division, Library of Congress, Washington D. C.).

BÖN: Bildarchiv der Österreichischen Nationalbibliothek.

BIGM: Bildarchiv des Instituts für Geschichte der Medizin, Wien.

LITERATUR

Andreas-Salomé, Lou: In der Schule bei Freud. Tagebuch eines Jahres 1912/1913. Aus dem Nachlaß. Hrsg. v. Ernst Pfeiffer. Zürich: Max Niehans, 1958.

Andreas-Salomé, Lou: Zu Besuch bei Freud. In: Almanach: Das 79. Jahr. Frankfurt a. M.: S. Fischer, 1965. S. 137 ff.

Anzieu, Didier: Freuds Selbstanalyse und die Entdeckung der Psychoanalyse. 2 Bde., München und Wien: Verlag Int. Psychoanalyse, 1990.

Appignanesi, Lisa/John Forrester: Freud's Women. London: Weidenfeld u. Nicolson, 1992.

Aus dem Kreis um Sigmund Freud. Zu den Protokollen der Wiener Psychoanalytischen Vereinigung. Hrsg. v. Ernst Federn u. Gerhard Wittenberger. Frankfurt a. M.: S. Fischer, 1992.

Babin, Pierre: Sigmund Freud. Un tragique à l'age de la sciencen. Paris: Gallimard, 1991.

Bernfeld, Siegfried/Susanne Cassirer: Bausteine der Freud-Biographik. Frankfurt a. M.: Suhrkamp, 1988.

Berthelsen, Detlef: Alltag bei Familie Freud. Die Erinnerungen der Paula Fichtl. Nachw. v. Friedr. Hacker. Hamburg: Hoffmann und Campe, 1987.

Binswanger, Ludwig: Erinnerungen an Sigmund Freud. Bern: Francke, 1956.

Bonaparte, Marie: Ma vie et la psychoanalyse. Paris: Gallimard, 1928.

Brückner, Peter: Sigmund Freuds Privatlektüre. Köln: Horst, 1975.

Burlingham, Michael John: The Last Tiffany. A Biography of Dorothy Tiffany Burlingham. New York: Atheneum, 1989.

Decker, Hanna S.: Freud, Dora and Vienna 1900. New York: The Free Press, 1991.

Dokumentationsarchiv d. österr. Widerstandes: Österreicher im Exil Großbritannien 1938 – 1945. Eine Dokumentation. Wien: Österr. Bundesverlag, 1992.

Ellenberger, Henry F.: Die Entdeckung des Unbewußten. 2 Bde., Bern, Stuttgart, Wien: Verlag Hans Huber, 1973.

Engelman, Edmund/Inge Scholz-Strasser (Vorw.): Sigmund Freud. Wien IX. Berggasse 19. Wien: Edition Christian Brandstätter, 1993.

Flem, Lydia: Der Mann Freud. Frankfurt a. M., New York: Campus Verlag, 1993.

Sigmund Freud and Art. His Personal Collection of Antiquities. Ed. by v. Gamwell, Lynn and Wells, Richard; introduced by Peter Gay. New York and London: Thames a. Hudson, 1989.

Sigmund Freud. Critical Assessments. Ed. by Laurence Spurling. 4 Vol., London, New York: Routledge, 1989.

Sigmund Freud – Sándor Ferenczi. Briefwechsel. Hrsg. v. Eva Brabant u. a., Wien: Böhlau, 1993.

The Complete Correspondence of Sigmund Freud and Ernest Jones 1908 – 1939. Ed. by R. Andrew Paskauskas, London: Belknap, 1993.

The Diary of Sigmund Freud 1929–1939. A Record of the Final Decade. Ed. by Michael Molnar. London: The Hogarth Press, 1992.

Gardner, Sheldon/Gwendolyn Stevens (Ed.): Red Vienna and the Golden Age of Psychology 1918–1938. New York: Praeger, 1992.

Gay, Peter: Sigmund Freud. Eine Biographie für unsere Zeit. Frankfurt a. M.: S. Fischer, 1989.

Gelfand, Toby/John Kerr (Ed.): Freud and the History of Psychoanalysis. London: The Analytic Press, 1992.

Gicklhorn, Josef und Renée: Sigmund Freuds akademische Laufbahn im Lichte der Dokumente. Wien: Urban & Schwarzenberg, 1960.

Gilman, Sander L.: The Case of Sigmund Freud, Medicine and Identity at the Fin de Siècle. Baltimore: John Hopkins Univ. Press, 1993.

Graf, Max: Reminiscences of Professor Sigmund Freud. In: Psychoanalytic Quarterly 11 (1942).

Grosskurth, Phyllis: The Secret Ring. Freud's inner circle and the politics of psychoanalysis. London: Addison-Wesley, 1991.

Grubrich-Simitis, Ilse: Zurück zu Freuds Texten. Stumme Dokumente sprechen machen. Frankfurt a. M.: S. Fischer, 1993.

Gubel, Eric (Hg.): Le Sphinx de Vienne. Sigmund Freud, l'art et l'archéologie. Ausstellungskatalog, London: Freud Museum, London, 1993.

Hirschmüller, Albrecht: Freuds Begegnung mit der Psychiatrie. Von der Hirnmythologie zur Neurosenlehre. Tübingen: edition diskord, 1991.

Jäger-Sunstenau, Hanns: Die Ehrenbürger und Bürger ehrenhalber der Stadt Wien. Wien: Deuticke, 1992 (Forschungen und Beiträge zur Wiener Stadtgeschichte, Bd. 23).

Leupold-Löwenthal, Harald: Handbuch der Psychoanalyse. Wien: Orac, 1986.

Leupold-Löwenthal, Harald: Die Vertreibung der Familie Freud. In: Sigmund Freud House Bulletin, No. 12/2, S. 1–11.

Lobner, Hans: Some additional remarks on Freud's Library. In: Sigmund Freud House Bulletin 1, No. 1 (1975).

Mahony, Patrick: Der Schriftsteller Sigmund Freud. Frankfurt a. M.: Suhrkamp, 1989.

Mann, Thomas: Freud und die Psychoanalyse: Reden, Briefe, Notizen, Betrachtungen. Frankfurt a. M.: S. Fischer, 1991.

Mühlleitner, Elke: Biographisches Lexikon der Psychoanalyse. Die Mitglieder der psychologischen Mittwoch-Gesellschaft und der Wiener Psychoanalytischen Vereinigung 1902–1938. Tübingen: edition diskord, 1992.

Müllner, Johann: Kurzer Rückblick auf die Geschichte der Anstalt während der Jahre 1864–1914. Nach den Gymnasialakten zusammengestellt. Mit einem Graphikon. In: Festschrift des K. k. Erzherzog Rainer-Real-Gymnasiums in Wien aus Anlaß seines 50 Jahre andauernden Bestehens. Wien, 1914, S. 159–171.

Puner, Helen Walker: Sigmund Freud. His Life and Mind. New Brunswick a. London: Transaction, 1992.

Rieff, Philip: Freud. The Mind of the Moralist. Chicago and London: Chicago Press, 1979.

Ritvo, Lucille B.: Carl Claus as Freud's Professor of the Darwinian Biology. In: Int. Journal of Psycho-Anal. 53, 277 (1972).

Rosenzweig, Saul: Freud, Jung, and Hall the King-Maker. The Historic Expedition to America (1909), with G. Stanley Hall as host and William James as guest. Seattle: Hogrefe & Huber, 1992.

Roudinesco, Elisabeth: Wien-Paris. Die Geschichte der Psychoanalyse in Frankreich. Weinheim, Berlin: Beltz, 1994.

Sterba, Richard F.: Erinnerungen eines Wiener Psychoanalytikers. Frankfurt a. M.: S. Fischer, 1985.

Tögel, Christfried: Berggasse – Pompeji und zurück. Sigmund Freuds Reisen in die Vergangenheit. Tübingen: edition diskord, 1989.

Tögel, Christfried: „...und gedenke die Wissenschaft auszubeuten" – Sigmund Freuds Weg zur Psychoanalyse. Tübingen: edition diskord, 1994.

Vermorel, Henri & Madeleine: Sigmund Freud et Romain Rolland. Correspondence 1923–1936. De la sensation océanique au Trouble du souvenir sur l'Acropole. Paris: puf, 1993.

Wittels, Fritz: Sigmund Freud. Der Mann, die Lehre, die Schule. Leipzig, Wien und Zürich: Tal, 1924.

Wortis, Joseph: Fragments of an Analysis with Freud. New York: Simon and Schuster, 1954.

Der Wolfsmann vom Wolfsmann. Sigmund Freuds berühmtester Fall. Hrsg. v. Muriel Gardiner. Frankfurt a. M.: S. Fischer, 1989.

Yerushalmi, Yosef Hayim: Freuds Moses. Endliches und unendliches Judentum. Berlin: Wagenbach, 1991.

Young-Bruehl, Elisabeth: Anna Freud. A Biography. New York u. a.: Summit Books, 1988.

Zweig, Stefan: Über Sigmund Freud. Porträt, Briefwechsel, Gedenkworte. Frankfurt a. M.: S. Fischer, 1989.

DANKSAGUNG

Allen Leihgebern, Förderern und Stiftern, die der Sigmund Freud-Gesellschaft Objekte, Bilder, Autographen und Originaldokumente gestiftet haben, sei an dieser Stelle im Namen des Vorstands der Sigmund Freud-Gesellschaft gedankt. An erster Stelle war es Anna Freud, die durch ihre Schenkungen dieses Museum ermöglichte. In alphabetischer Reihenfolge gehört unser Dank weiters Thomas Aichhorn (Wien), Dorothy T. Burlingham (†), Ernst Federn (Wien), Hedda Feiner (Wien), Paula Fichtl (†), Anna Freud (†), W. Ernest Freud (Bergisch-Gladbach), The Hampstead Clinic (London), Mathilde Hollitscher (†), F. Hosch-Merkl (Wien), Harald Leupold-Löwenthal (Wien), Uli Lloyd-Pack (London), Hans Lobner (Wien), Eva M. Rosenfeld (†), Ellen Weyl (Zürich).

An der Erstellung dieses Katalogs waren seit 1992 Doris Fritsche, Birgit Illner, Mara Reissberger, Astrid Resinger, George Purdea, Gerhard Zeillinger und viele weitere Mitarbeiter der Sigmund Freud-Gesellschaft beteiligt. Mein besonderer Dank gilt Lydia Marinelli für die wissenschaftliche Beratung, ihre Unterstützung bei der Überarbeitung des Textteils und für die Erstellung des Bildteils. Ohne Christian Brandstätter wäre das Buch nicht entstanden.

Wien, im August 1994
Inge Scholz-Strasser